KB267805

언어치료사의
말더듬 이야기

김승미 저

말을 더듬는 아이의 부모와 언어치료사를 위한 책

학지사

이 책을 만날 모든 분에게.

저는 이 책의 저자인 김승미 선생을 2011년부터 석사와 박사 과정에서 지도교수로서 지도하고 격려하고 응원하며 가까이에서 지켜보아 왔습니다. 대학원 석사과정에서 처음 만났을 때부터 저는 김승미 선생의 진실함과 성실함, 배우려는 열의를 느꼈고, 놀랍게도 그러한 모습은 지금까지도 변함이 없습니다. 학업과 연구만이 아니라 첫 직장 결정, 치료실 개원과 후배 치료사 채용 등의 주요한 선택을 할 때마다 조언을 구했기 때문에 김 선생이 어떠한 기준을 가지고 삶을 살아가는지 곁에서 지켜볼 수 있었습니다. 선생인 저로서는 이제 이렇게 그의 이름으로 된 첫 책을 소개하는 추천사를 쓰게 되어 설레고 기쁩니다.

김승미 선생은 저에게 단순히 '제자'라는 호칭을 넘어, 오히려 저의 마음을 가다듬게 하는 거울과 같은 존재입니다. 그는 참 단단하면서도 부드러운 사람입니다. 흔들림 없는 심성을 가지고 있으면서 타인을 깊이 이해하는 세심함을 갖고 있습니다. 특히 말을 더듬는 아이들과 부모님들을 향한 연민과 안타까움에서 시작되는 굳건한 사명감은 곁에서 지켜보는 저에게도 늘 큰 배움과 감동을 안겨 주었습니다. 단순한 직업의식을 넘어선, 소명 의식이라고 느낍니다.

저는 김승미 선생이 처음으로 말더듬 아동을 만나게 되었을 때 슈퍼바이저로서 지도하고 조언하면서, 그가 말더듬 치료에 꼭 필요한 심성과 능력을 갖추고 있음을 알고 크게 고무되었습니다. 그는 늘 겸손하게 조언을 구하고 더 배우고 경험을 쌓아야 한다고 말하지만, 말더듬 치료라는 어려운 여정에 필수적인 열정과 창의성은 물론이고, 무엇보다 가장 중요하다고 생각하는 공감 능력과 인내심을 갖고 있기 때문에 말을 더듬는 아이들과 가족들에게 꼭 필요한 사람이 될 것이라고 믿었습니다. 그는 말을 더듬는 아이들과 그 가족들과의 만남에서 일어나는 많은 어려움과 예측하지 않은 상황에서도 낙담하지 않고, 포기하지 않으며 즐겁게 새로운 해결 방안을 모색하곤 합니다. 지금 그는 자신의 치료실을 개원하여 말더듬 치료에 대해 갖고 있는 가치관과 방향성을 힘껏 펼치며 실현하고 있고, 후배 치료사들과 함께하며 그의 지식과 경험 그리고 가치관을 나누며 선한 영향력을 전파하고 있습니다. 이런 그의 모습은 임상을 떠나 학교에서 '유창성장애' 과목을 가르치는 저에게 제가 가르친 학생들이 임상에 나가서 어떻게 해낼 수 있는지에 대해 큰 자신감을 갖게 해 주었습니다. 제자인 그가 선생인 저에게 꾸준히 강단에 설 수 있도록 도움을 준 것입니다.

제가 본 김승미 선생은 신중하게 목표를 설정하고 꼼꼼하게 계획을 수립하며 차분하게 무리함이 없이 이루어 내는 사람입니다. 저는 종종 그의 이러한 실행력을 부러워하기도 합니다. 때문에 그가 몇 년 전 그간의 경험을 바탕으로 말을 더듬는 아이들의 부모님과 치료사들에게 도움이 될 수 있는 책을 쓰고 싶다고 상의했을 때부터 저는 기대를 품었습니다. 석사와 박사 과정에서 갖춘 이론적인 토대 위에 어느덧 많은 임상 경험을 쌓은 그가 쓴 책이라면 쉽게 읽히고, 신뢰할 수 있고, 가족과 치료사들에게 실제적인 도움이 될 것이라는 믿음을 가질 수 있었기 때문입니다. 어느새 그 기대가 현실이 되어 이 책이 세상에 나올 준비를 마쳤습니다.

이 책을 먼저 읽어 본 저로서는 이렇게 한마디로 말하고 싶습니다. "현장을 담은 지침서, 군더더기 한 점 없는 필요한 내용."

그만큼 이 책은 말을 더듬는 아이를 양육하고 있는 부모님들과 현장의 언어치료사들에게 실질적인 도움을 줄 수 있는 친절하고 구체적인 지침서입니다. 저자가 임상 현장에서 보고 들었던 많은 질문과 현상에 대한 친절하고 구체적인 답은 어느 하나 버릴 데 없는 소중한 정보와 통찰력 있는 조언으로 이루어져 있습니다. 사랑하는 자녀가 말을 더듬을 때 부모님들이 마주하는 막막함과 시기별로 겪는 다양한 어려움 그리고 말더듬 치료 과정에서 현장의 치료사들이 답해야 할 어려운 질문들에 대해 저자는 전문적인 지식과 밀도 높은 경험을 바탕으로 구체적이고 현실적인 답을 제시하고 있습니다.

특히 이 책은 단순한 정보 전달을 넘어, '말더듬이라는 어려운 문제를 부모와 치료사가 어떻게 서로를 신뢰하며 효과적으로 대처해야 할지'에 대한 실제적인 지침과 마음가짐을 따뜻하게 전달합니다. 읽으시는 분들은 이 책을 통해 말더듬에 차근차근 대응할 수 있는 지식과 용기를 동시에 얻으실 수 있으리라 생각합니다.

이 책이 많은 부모님의 불안을 덜어 주고, 현장의 치료사들이 전문성을 더욱 확고히 다지는 데 기여하기를 진심으로 바랍니다. 선생으로서 제자의 빛나는 첫 결실에 다시 한번 성원을 보내며, 이 책이 꼭 필요한 분들에게 가닿기를 바랍니다.

이은주

단국대학교 특수교육과, 대학원 언어병리학과 교수

더듬는 아이를 도우려면 큰 그림을 그려야 합니다.

'말더듬 치료는 어렵다.' 말더듬에 대해 배우면서 들은 말이었습니다. 임상 현장에서 치료를 진행하고 있는 언어치료사들의 말이었기에 놀랍기도 하고 의아하기도 했습니다. 말더듬 전문가는 언어치료사인데 그들이 어렵다고 말하는 이유는 무엇일까. 더 관심이 가고, 더 도전해 보고 싶었습니다.

이런 저의 마음 때문인지 대학원 석사 과정의 임상 실습에서 더듬는 아이를 만날 수 있었습니다. 아직도 그날을 잊지 못합니다. 학부와 대학원에서 이론으로 배웠던 말더듬을 대면한 순간 저는 어찌할지 몰랐습니다. 굳어 있는 저에게 그 작은 아이가 '힉힉'거리는 호흡 소리를 내면서 온 힘을 모아 입 밖으로 말을 내뱉었습니다.

지금, 그 아이를 다시 만난다면 애쓰면서 말하고 있는 아이의 눈을 바라보고 고개를 끄덕이며 저의 온몸으로 너의 말을 듣고 있다는 것을 알리며 안심시켰을 것입니다. 게임 방법을 끝까지 설명하는 아이의 말을 다 듣고 나서 '말이 불편했을 텐데 끝까지 설명을 다 해 줬어!'라는 말로 아이를 격려했을 것입니다. 하지만 초보였던 저는 그 순간에 아이 앞에 앉아서 무엇을 말해야 할지, 어떤 방법으로 아이에게 다가가야 할지 몰랐습니다.

이 경험은 저를 움직이게 했습니다. 더 많은 치료 방법을 찾고 알아 갔습니다. 임상 현장에서 더듬는 아이를 치료하고 싶다고 여기저기 소문을 냈습니다. 더듬는 아이가 저에게 오면 세심히 살피고 부모님에게 아이에 대해 상세히 들었습니다. 조부모, 삼촌, 이모, 함께 생활하는 가사도우미까지 아이와 상호작용하는 주변 사람들을 만나서 이야기를 들었습니다. 교실에서 또래와 생활하는 아이에 대해 알기 위해서 어린이집이나 유치원 선생님들에게 전화 상담을 요청했습니다. 감사하게도 선생님들은 아이를 위해 기꺼이 자신의 시간을 내주셨습니다. 아이가 다른 분야에서 치료를 받고 있다면 그 치료사와의 소통도 주저하지 않았습니다.

편안하게 말한다는 것이, 오직 유창함만을 의미하는 것은 아닙니다. 더듬더라도 자기가 원하는 것을 어떤 자리에서든 누구에게나 말할 수 있는 의사소통 태도를 갖는 것이 중요합니다. 아이가 말더듬으로 경험하게 되는 상황들에서 건강한 의사소통 태도를 가질 수 있도록 모두의 관심과 도움이 필요합니다. 아이를 둘러싼 모든 사람이 힘을 모으면 아이에게 더 빠른 변화를 만들어 낼 수 있습니다.

'말더듬은 말더듬 그 이상'이라는 말이 있습니다. 아이마다 말더듬은 조금씩 다릅니다. 이제까지 진행된 연구로도 알지 못하는 것들이 있습니다. 제가 말더듬에 대해 경험하면서 확실히 알게 된 것은 더듬는 아이를 돕기 위해서는 말더듬만 보아서는 안 된다는 것입니다. 말뿐만 아니라 언어, 발음, 말운동, 음성, 청력 등 의사소통 전반을 살펴봐야 합니다. 이에 더해 취학 전 시기에는 신체, 운동, 인지, 정서, 심리, 사회성 등 여러 영역의 발달이 진행되기 때문에 모든 측면을 고려하여 아이와 아이가 생활하는 환경 전체를 이해해야 합니다. 말더듬에서 한 걸음 물러서서 더 큰 그림을 봐야 합니다.

더듬는 아이를 돕는 방법들을 하나씩 연습하면서 그 과정을 기록한 부모님들의 연습 기록지를 제4부에 제시했습니다. 읽어 보시면서 의문을 가지실 수 있습니다. 아이 말더듬에 대한 직접적인 개입이 아닌 부모와 아이가 경험하는 상호작용의 변화에 대해 적혀 있기 때문입니다. 이러한 변화는 결국 말더듬의 변화를 만들어 냅니다.

힘겹게 말을 이어 가는 아이가 빨리 편안하게 말할 수 있게 돕고 싶으신 부모님의 마음을 알고 있습니다. 알약 하나를 먹으면 말더듬이 사라지는 날이 오기를 저도 고대하고 있지만 아직 그러한 기적의 치료법은 알려지지 않았습니다. 그렇다고 저희가 더듬는 아이를 돕지 못하는 것은 아닙니다. 말더듬의 특성과 말더듬을 촉진시키거나 가중시키는 요인들을 이해하면 아이를 더 많이 도울 수 있습니다.

부모님이 최선을 다해서 도우시더라도 오르락내리락하는 말더듬의 변이를 경험하면서 혼란스러우실 수 있습니다. 아이가 유창하게 말하게 되어 안심하셨는데 다시 재발할 때 좌절하실 수 있습니다. 변이와 재발이라는 말더듬의 특성 때문에 아이를 돕는 데 더 많은 시간이 필요합니다. 조급한 마음은 시야를 좁힙니다. 이 책이 조금은 더 큰 그림을 그리는 데 도움이 되기를 바랍니다.

제1부 알아야 할 말더듬의 특성 • 15

제2부 말더듬에 영향을 미치는 요인들 • 39

제3부 미리 알아보는 말더듬 평가와 치료 • 69

제4부 더듬는 아이를 돕는 방법 • 121

제1부

알아야 할
말더듬의 특성

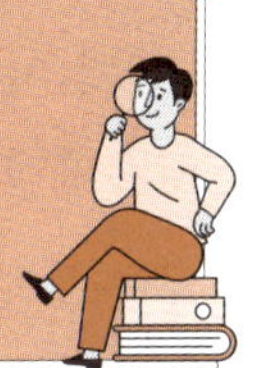

말을 배우는 아이가 주로 보이는 '정상적인 비유창성'

삽입어/주저

부모: 아이가 말을 시작하는 데 시간이 걸려요.

언어치료사: '어, 음' 같은 삽입어를 사용하고 말 사이에 주저를 보이네요.

수정

부모: 말을 했다가 수정해요.

언어치료사: 잘못한 발음을 바꾸거나 더 자세히 표현하기 위해 수정하네요.

반복 1

부모: 어절이나 구 전체를 통으로 반복해요.

언어치료사: 어절과 더 큰 언어 단위를 반복하네요.

삽입어와 주저, 수정, 어절이나 구/절의 전체 반복은 정상적인 비유창성 유형들이에요. '비유창'한데, '정상적'이다? 어울리지 않는 두 단어가 연결되어 있지요? 이 유형들은 언어가 발달하는 시기에 많이 보이는 것으로 더듬지 않는 아이들도 말을 배우면서 보일 수 있는 '정상적인' 것들이에요.

정상적인 비유창성을 너무 자주 보여요.

아이가 정상적인 비유창성 형태를 자주 보인다면 언어와 발음 능력을 자세히 살펴봐야 해요. 언어와 발음 능력이 또래보다 느리게 발달할 때 이런 형태를 더 많이 보일 수 있어요. 언어와 발음 능력은 정상 발달 범위에 해당하는데, 발달상 미세한 차이를 보일 때도 그럴 수 있어요. 예를 들어, 아이가 뇌에 저장된 단어를 꺼내거나 문장을 구성할 때 자기가 원하는 대로 잘 안 되거나, 아이가 경험한 사건을 시간 순서나 인과 관계에 맞게 말하려고 하는 데 어려움이 있을 때 이러한 형태를 더 많이 보일 수 있어요.

아이가 정상적인 비유창성을 보일 때 힘을 줘요.

말은 매끄럽게 흘러가야 해요. 유창할 때는 보이지 않던 긴장이나 노력이 비유창할 때 보인다면 아이가 자기 말의 불편함을 알아채고 더 편안하게 말하기 위한 방법을 찾고 있다는 뜻이에요.

더듬는 아이가 주로 보이는 '비정상적인 비유창성'

부모: 첫 번째 말이나 짧은 단어를 반복해요.

언어치료사: 단어의 부분이나 1음절 단어를 반복하네요.

부모: 소리를 길게 끌 때가 있어요.

언어치료사: 하나의 소리를 길게 연장하네요.

부모: 말할 단어를 떠올린 거 같은데 막혀서 소리가 나오지 않아요.

언어치료사: 말하려고 하는데 소리가 나지 않는 막힘이 있네요.

단어의 부분 반복, 연장, 막힘은 '비정상적인 비유창성'에 속하는 것으로 걱정되는 말더듬 형태들이에요. 이 형태들이 한두 번 나타났다고 문제가 되는 것은 아니에요. 얼마나 자주 보이는지, 한 번 나타날 때 어느 정도 반복되거나 지속되는지, 동반되는 다른 특성이 있는지 살펴봐야 해요.

단계	내용
1단계	단어의 부분, 즉 첫소리나 첫음절을 반복하는데 같은 말소리를 3번 이상 되풀이하거나 1~2번 되풀이하더라도 자주 나타난다면 유창함의 경계선을 넘어선다는 신호예요.
2단계	단어의 첫소리나 첫음절을 빠르게 반복하거나 말소리를 끄는 연장이 나타나고 얼굴이나 목 등의 신체 부위에 긴장이 느껴진다면 말더듬의 초기 단계에 들어섰다는 신호예요.
3단계	연장과 막힘을 자주 보이고 말을 더듬으면서 움직이지 않아도 될 신체 부위를 움직이고 말더듬 때문에 말을 이어 가지 않고 멈추거나 다른 단어로 바꾸어 말하는 모습을 보인다면 말더듬의 중간 단계에 접어들었다는 신호예요.

아이가 말할 때 어느 단계의 모습을 보이나요? 단계가 높아질수록 말더듬은 심해져요. 어떤 아이는 1단계부터 점진적으로 더듬는 모습을 보이지만 어떤 아이는 처음부터 3단계의 모습을 보이기도 해요. 1단계는 유창함에서 말더듬으로 넘어가는 단계이니 아이에게 전문적인 도움이 필요한지 알아봐야 해요. 2단계와 3단계는 말더듬 단계에 포함되고, 전문적인 도움이 필요해요.

단어 전체를 반복해요.

‘엄마 엄마’ ‘이거 이거’ 같은 단어 전체 반복은 학자마다 의견
이 다른데, 대부분 정상적인 비유창성으로 봐요.

어절의 마지막 말소리나 음절을 반복해요.

보통 ‘ㅌㅌ토끼’ 또는 ‘토토토끼’처럼 첫 번째 말소리나 음절을
반복하지만, 드물게 ‘토끼끼’ ‘토끼이이’처럼 마지막 말소리나 음
절을 반복할 수 있어요. 후자의 경우 관련 연구가 적어서 왜 이렇
게 반복하는지 정확히 알기 어려워요. 이런 형태는 말·언어 발
달이나 정보처리와 관련되어 있을 수 있으니 평가 과정에서 자
세히 살펴봐야 해요.

심하게 더듬는데 삽입어도 자주 사용해요.

보통 삽입어는 언어가 발달할 때 자주 보이는 의미 없는 말로,
아이가 언어를 구성하는 데 시간이 걸릴 때 자주 사용해요. 그런
데, 말을 심하게 더듬는 아이 중 ‘어’ ‘음’ ‘그런데’ ‘있잖아’ 등의 삽
입어를 말 시작 전에 자주 사용하는 아이도 있어요. 심지어 ‘선생
님 할 말이 있는데요.’처럼 긴 문장을 말할 때마다 쓰기도 해요.
더듬는 아이는 자기의 말더듬을 감추기 위해 또는 더 편안하게
말할 수 있는 단어를 찾기 위해 삽입어를 사용하면서 시간을 지
연시키기도 해요.

놓치기 쉬운, 더 심한 말더듬 유형이 있어요.

말더듬이 무엇인지 물어보면 사람들은 보통 '반복'을 예로 들어요. 연장이나 막힘이 말더듬인지 모르는 경우가 많아서 더 심한 말더듬 양상을 보이는 아이를 빨리 찾아내는 데 어려움이 있어요. 연장과 막힘이 말더듬에 해당하고 반복보다 더 심한 형태라는 것을 기억해 주세요.

치료를 받고 막힘은 줄었는데 반복이 늘었어요.

반복, 연장, 막힘 중 가장 심한 형태는 막힘이고 가장 덜 심한 형태는 반복이에요. 막힘을 보였던 아이가 치료를 받고 반복을 보인다면 덜 심한 형태를 보이는 것이고, 이는 더 나아지는 방향으로 가고 있다는 뜻이에요. 세 가지를 모두 보이는 경우 연장과 막힘이 줄면서 반복이 자연스럽게 줄기도 하지만, 어떤 경우는 반복이 더 늘어나기도 해요. 그래도 심한 형태가 줄어들고 덜 심한 형태가 늘어나는 것이니 말더듬은 나아지고 있는 거예요. 만약 반복이 오래 지속되고 있다면 아이의 언어 발달을 살펴봐주세요. 발달상 미세한 차이라도 말더듬에 영향을 미칠 수 있어요.

연장과 막힘은 반복보다 더 심한 말더듬 형태다.
유창함의 경계선을 넘어서는 비유창성을 보이면 아이에게 전문적인 도움이 필요한지 확인하자.

더듬을 때 얼굴을 찡그리거나 손을 움직여요

👫 부모

한동안 아이가 말을 더듬을 때 얼굴을 찡그리더니 이제는 손을 흔들면서 말해요. 말도 더듬는데 행동까지 다양해지고 그 정도가 심해지니 어떻게 해야 할지…… 너무 답답하네요.

언어치료사

아이가 말을 더듬을 때 움직이지 않아도 될 신체 부위를 움직이면서 말하고 있네요. 이러한 신체적 움직임은 아이마다 달라요. 미간이나 얼굴 찌푸림, 눈 깜빡임, 고개 끄덕이기, 얼굴 돌리기, 팔을 흔들거나 내리치기, 두 손을 잡고 힘주기, 발 구르기, 숨을 들이쉬면서 말 시작하기 등 다양한 모습을 보여요. 이런 행동을 '탈출행동'이라고 불러요. 말 그대로 말더듬에서 탈출하기 위한 행동이에요.

왜 탈출행동을 할까요?

아이는 더듬는 말이 자신의 귀에 들리거나, 말하려고 하는데 말이 터져 나오지 않으면 말더듬을 멈추기 위한 방법을 찾기 시작해요. 이때 아이가 얼굴을 찡그리며 힘을 주고 말했더니 말이 나오는 거예요. 아이에게 성공의 경험이 생겼으니 그 다음에도 말더듬이 나타나면 이 방법을 쓰겠지요. 이것은 아이가 경험으로 알게 된 가장 효과적인 방법이니까요. 그런데 이 효과는 오래 지속되지 않아요. 평상시와 같이 더듬을 때 얼굴을 찡그렸는데 말더듬이 멈추어지지 않는 경험을 하게 돼요. 그러면 아이는 또 다른 방법을 찾죠. 그러다가 손을 흔들었는데 말이 나오는 거예요. 그러면 이 방법도 사용하게 돼요. 이러한 상황이 반복되면 아이는 여러 가지 방법을 한꺼번에 사용하게 돼요.

탈출행동을 하지 말라고 말해도 되나요?

아이를 돕고 싶은 마음에 '말할 때 손을 움직이지 말고 말해.'라고 말해 주고 싶으실 거예요. 하지만 아이가 몸을 움직이지 않고 편안하게 말하는 방법을 모르는데 아이에게 '지금 가장' 효과적인 방법을 사용하지 말라고 말하면 아이는 어떻게 해야 할까요? 아이는 탈출행동을 해서라도 사람들과 소통하려고 하는데 이 행동을 하지 말라고 하면 아이는 소통하려는 시도를 줄이거나 멈출 수 있어요. 그러면 아이가 하고 싶은 말을 하지 않고 피하는 일이 점점 더 많아질 거예요. 다른 사람들의 부정적인 반응을 피하려고 아이가 하고 싶은 말을 하지 말아야 할까요? 아니면 주위의 시선을 끌더라도 자신이 하고 싶은 말을 다 해야 할까요? 어떤 방식으로 말하든 아이가 자신이 하고 싶은 말을 다 하는 것이 중요해요.

탈출행동에 어떻게 반응해야 할까요?

탈출행동은 아이가 말더듬을 멈추기 위해서 하는 행동이라고 말씀드렸어요. 다시 말해, 아이에게 말더듬이 나타나지 않으면 탈출행동도 사라진다는 뜻이에요. 그래서 부모님과 저는 아이가 편안하게 말하도록 도울 거예요. 그전에는 아이가 어떤 움직임을 보이며 말하든 아이가 말하는 내용에 집중해 주세요. 아이는 지금 최선을 다해서 부모님과 소통하려고 하고 있으니까요.

탈출행동이 틱처럼 보이기도 한다고요?

탈출행동으로 보이는 여러 행동은 운동 틱으로 보이는 행동과 비슷해요. 둘을 구분할 때는 이 행동을 언제 하는지 살펴봐 주세요. 탈출행동은 말더듬을 멈추기 위한 움직임으로 더듬을 때 나타나요. 간혹 더듬지 않기 위해서 말 시작 직전에 이 움직임을 보이기도 하지요. 그러나 말하지 않을 때는 이러한 탈출행동을 하지 않아요. 운동 틱은 말하지 않을 때도 보이기 때문에 구분할 수 있어요. 간혹, 운동 틱을 동반하고 있는 더듬는 아이가 운동 틱과 동일한 움직임을 탈출행동으로 사용하기도 해요.

> 탈출행동은 말의 어려움이 사라지면 나타나지 않는다.
> 더듬을 때 보이는 탈출행동을 아이가 의사소통하려는 노력으로 이해하자.

03 더듬다가 말을 멈추거나 다른 단어로 바꾸어 말해요

👫 부모

아이가 말을 반복하다가 멈추는 일이 몇 번 있었어요. 제가 다시 물어보면 '몰라.'하고 그냥 넘어가네요. 며칠 전에는 동생 이름을 말하려고 하다가 '아기'로 바꾸어 말했어요. 바꾸어 한 말은 덜 더듬었어요.

🗣 언어치료사

아이가 더듬다가 말을 더 이어 가지 않고 멈추거나 바꾸어 말하는 모습을 보이네요. 이것은 아이가 말더듬을 피하려고 하는 행동으로 '회피행동'이라고 불러요. 더듬는 아이들은 다양한 방법으로 말하는 상황과 단어를 회피해요. 예를 들어서, '유치원'이라는 말을 하려는데 말이 잘 안 나올 것 같은 생각이 들면 '내가 매일 가는 데' 또는 '거기'처럼 에둘러서 말하거나 대용어를 사용하기도 해요. '우리 유치원' 또는 '어린이집'처럼 다른 단어로 말을 시작하거나 의미가 비슷한 단어로 바꿔 말하기도 해요. 어떤 아이는 긴 문장을 말하려는데 더듬을 거 같을 때 짧게 줄여서 말하기도 해요. 예를 들어, '나 내일 유치원에 가서 친구들과 비행기 놀이할 거야.'라고 말하려는데 말이 잘 나오지 않을 것 같으면 '내일 유치원 친구와 비행기'로 줄여서 말할 수 있어요. '어, 어,

어’ 또는 ‘그런데요, 그런데요.’ 같이 말하는 내용과 상관없는 말로 시간을 끌면서 말을 피하기도 하고, 간단하게 대답할 수 있는 질문인데 아이가 ‘몰라요.’라고 말하며 대답하는 상황을 피하거나 질문을 못 들은 척 하기도 해요.

갑자기 목소리를 작게 또는 크게 내거나 음도를 높여서 말해요.

어떤 아이는 엄마와 둘만 있는 공간에서 비밀 이야기를 하듯 갑자기 목소리를 줄여서 말하거나 반대로 매우 큰 목소리로 말하거나, 음도를 높여서 가성을 사용하듯이 말하기도 해요. 어떤 아이는 갑자기 캐릭터 말투를 흉내 내면서 말하기도 하죠. 아이가 더듬을 것 같을 때 이렇게 발성 방식을 바꾼다면 회피행동일 가능성이 높아요.

말을 하나씩 끊어서 하거나 노래 부르듯이 말해요.

어떤 아이는 피아노 치듯이 손가락이나 팔꿈치로 책상을 치며 ‘선·생·님·게·임·해·요.’처럼 한 음절씩 끊어서 말하거나 운율을 넣어서 노래 부르듯이 말하기도 해요. 제가 만난 아이는 다른 사람에게 말더듬을 들키지 않으려고 손을 주머니에 넣고 박자를 맞추듯이 손가락을 움직이며 말하기도 했어요. 이런 경우 아이가 알려 주지 않으면 회피행동을 하는지 모를 수도 있어요. 아이들은 말더듬을 피하기 위해 우리의 생각보다 훨씬 더 다양한 방법을 사용해요.

왜 회피행동을 할까요?

회피행동을 한다는 것은 아이가 말더듬을 예측할 수 있다는 뜻이기도 해요. 아이가 자기 말더듬이 싫거나 자신이 더듬을 때 보이는 타인의 부정적인 반응이 걱정될 때 말더듬을 피하려는 행동을 하기 시작해요. 어떤 아이는 말더듬 정도는 약한데 완벽하게 말해야 한다는 생각 때문에 말더듬을 피하기도 해요. 아이가 동생 이름을 부르려는데 더듬을 것 같은 생각이 들면 더 쉽게 말할 수 있는 '아기'로 바꾸어 말할 수 있어요. 그런데 '아기'라는 말도 더듬을 것 같으면 어떻게 할까요? 또 바꾸어 말해야 하죠. 그런데 동생을 부르는 호칭을 바꾸는 데 한계가 있어요. 더 이상 바꾸기 어려울 때는 동생을 부르지 않고 말하거나 가까이 가서 툭 치고 말할 수 있어요. 심한 경우 전혀 관계없는 단어로 동생을 부를 수도 있어요. 말을 더듬는 한 성인의 보고에 따르면, 중요한 단어를 바꾸어 말하는 경우도 있다고 해요. '아니요'라는 대답에서 말을 더듬을 것 같아서 '네'로 바꾸어 말할 수 있다는 거죠. 그러면 어떤 일이 일어날까요? 더듬더라도 피하지 않고 할 말을 끝까지 다하는 것이 중요해요.

아이가 바꿔서 한 말은 덜 더듬었어요.

아이는 상대적으로 편안하게 말할 수 있는 단어로 바꾸기 때문에 이런 회피행동을 하면 말더듬이 약해진 것으로 잘못 이해할 수 있어요. 아이가 회피행동을 더 많이 사용할수록 부모님은 아이의 말이 더 편안해졌다고 느낄 수 있어요. 그런데 아이가 말을 더듬을 때마다 회피행동을 사용하려면 매우 많은 에너지를 써야 해요. 아이는 아직 어려서 말할 내용을 구성하는 데 많은 에너지를 사용해야 하는데, 비슷한 단어로 바꾸는 작업까지 해야 하니 얼마나 힘들겠어요. 말하는 방식에 큰 노력이 필요하다는 것은 내면적으로 말이 더 불편해지고 있다는 뜻이에요.

단어를 바꾸어 말하거나 목소리 크기를 다르게 하는 것은 흔한 일이 아닌가요?

당연히 아이들은 말하다가 단어를 잘못 말하면 수정하기도 하고 단어가 생각나지 않으면 시간을 끌면서 알맞은 단어를 찾기도 해요. 대답하고 싶지 않을 때는 '몰라요.'라고 말하기도 하죠. 신이 나면 목소리가 커지기도 하고, 비밀을 말할 때는 목소리 크기를 줄이기도 해요. 이렇게 상황에 맞게 자연스럽게 바꾸는 것은 문제가 되지 않아요. 회피행동은 이런 자연스러운 행동이 아니에요. 회피행동은 말더듬을 피하려는 의도가 있는 행동이라서 자연스러운 행동이 아니에요.

회피행동인지 어떻게 알 수 있을까요?

더듬는 어린아이는 회피행동을 설명할 능력이 부족해요. 그래서 더듬는 아이가 회피행동으로 의심되는 행동을 보일 때 저희는 자세히 관찰해요. 어린아이는 아직 능숙하게 단어를 바꾸지 못하기 때문에 단어를 바꿀 때 얼굴에 긴장감이 드러나거나 눈동자를 굴리거나 눈맞춤을 피하기도 하죠. 말하려고 시도하다가 갑자기 상황에 맞지 않게 음성을 다르게 쓰는 모습이 관찰되기도 해요. 아이를 자세히 살피면 회피행동은 충분히 관찰할 수 있지만 모두 관찰할 필요는 없어요. 아이가 회피행동을 어느 정도 사용하는지 확인하면 되니까요.

회피행동에 어떻게 반응해야 할까요?

탈출행동과 같이 회피행동도 말더듬으로 인해 나타나는 행동이에요. 아이의 말이 편해지면 회피행동도 줄어들죠. 아이가 다른 단어로 바꾸어 말하더라도 자신의 의사를 표현한 것이니 부모님은 아이의 말 다음에 자연스럽게 말을 이어 나가세요.

> 회피행동을 사용하면 말더듬이 약해진 것처럼 보이지만 실제로는 말더듬이 더 심해지고 있다는 신호이다.
> 회피행동은 말의 어려움이 사라지면 나타나지 않는다.

말 좀 그만 더듬으라고 말해도 되나요

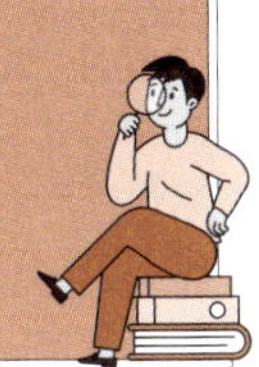

부모1

아이에게 말을 그만 더듬으라고 말해도 될까요? 아이가 더듬을 때마다 제 귀에 콕콕 박혀서 너무 힘들어요.

부모2

더듬지 말라고 말해 줘야 더 빨리 고칠 수 있지 않나요?

언어치료사

아이가 더듬지 않고 말할 수 있게 돕고 싶으시죠? 아이가 너무 많이 더듬으면 습관이 되어 버릴까 봐, 아이가 커서도 이렇게 말을 더듬을까 봐 염려되어 더듬지 말라고 말씀해 주고 싶으실 거예요.

아이가 더듬고 싶을까요?

당연히 아이도 더듬고 싶지 않아요. 아이도 멈추고 싶어 해요. 그런데 멈추어지지 않는 것이 말더듬이에요. 말더듬에 대해 설명할 때 한자어로 '불수의적(不隨意的)'이라는 단어를 사용해요. 말더듬이 자기 의도대로 되지 않는다는 뜻이에요. 아이도 여러 번 같은 말을 되풀이하고 싶지 않아요. 아이도 말을 빨리 내뱉고 싶어요. 하지만 자기가 원하는 대로 입술, 혀, 턱이 움직여지지 않아요. 심할 때는 소리를 내는 성대도 자신의 마음대로 움직여지지 않고 숨도 내뱉기가 힘들어요.

아이는 말더듬에 대해 어떻게 느낄까요?

어떤 때는 편안하게 말이 나오다가 어떤 때는 자기 마음대로 말이 나오지 않으니 아이도 당황스럽고 곤란할 거예요. 어떤 아이는 말더듬을 부끄러워하고 어떤 아이는 말에 대해 두려움을 느끼기도 해요. 말에 대한 부정적인 경험들이 쌓이기 시작하면 아이는 의사소통에 어려움을 겪을 수 있어요.

아이가 말더듬에 어떻게 반응하기를 바라세요?

말을 더듬더라도 위축되지 않고 끝까지 자기 할 말을 다 하는 아이가 되기를 바라세요? 아니면 말할 때마다 긴장해서 말수 자체를 줄이고 말하는 상황을 피하는 아이가 되기를 바라세요? 아이 마음대로 통제되지 않는 말더듬, 불수의적인 말더듬의 특성을 이해해 주세요.

> 말더듬은 '불수의적(不隨意的)'으로 나타난다.
> 아이의 입장에서 '어쩔 수 없이 더듬어지는 말더듬'을 이해하자.

05 말더듬이 나타났다가 사라지기를 반복해요

👨‍👩 부모

말더듬에 주기가 있어요. 어떤 때는 말더듬이 너무 심해졌다가 어떤 때는 전혀 더듬지 않아요. 그래서 괜찮아지는 줄 알고 안심하고 있었는데 다시 더듬더라고요. 더 나아질 거라는 마음으로 기다렸는데, 말더듬이 주기를 보이며 계속되니까 혼란스럽네요.

👩 언어치료사

아이의 말더듬이 나아졌다가 심해지기를 반복해서 혼란스러워하고 계시네요. 어떤 어머님은 아이의 말더듬 변화에 따라 자신이 천국과 지옥을 오간다는 표현을 하시기도 했어요. 어머님을 혼란스럽게 하는 이러한 변이는 말더듬의 중요한 특징이에요. 말더듬은 여러 요인이 상호작용하기 때문에 대화 상황에 따라, 말의 양에 따라, 언어적 난이도에 따라, 또는 찾기 어려운 여러 이유로 변이를 보여요.

🙂 아이는 말더듬의 변이를 어떻게 받아들일까요?

말더듬이 약해져서 괜찮아진 줄 알았는데 다시 심해지는 경험을 반복하면 아이는 말더듬이 약해졌을 때도 다시 더듬을까 봐 긴장하고 두려워할 수 있어요.

말더듬의 변이에 따라 부모님의 감정이 오르락내리락 한다면 아이는 어떨까요?

부모님이 아이에게 말더듬에 대해 말씀하지 않으시더라도 그 감정이 부모님의 눈빛으로, 표정으로, 말투로 아이에게 전해져요. 눈치가 빠른 아이들은 바로 알아채겠지요? 그러면 아이는 더 긴장하게 되고 이러한 긴장은 말하기를 더 어렵게 해요.

말더듬 치료를 받고 있는데 말더듬이 심해지고 있다고요?

아이가 치료받고 있는데 말더듬이 심해지면 치료가 아이의 말을 돕지 못한다고 생각하실 수 있어요. 말더듬의 변이성은 말더듬의 주요한 특징이에요. 이를 이해하지 못하시면 혼란스러우실 거예요. 사실 말더듬이 심해졌을 때는 아이의 말더듬을 도울 수 있는 정말 정말 중요한 기회예요. 아이의 말더듬이 심해졌을 때 아이를 몇 번 도우시는 경험을 하신다면 말더듬을 어떻게 관리해야 할지 아시게 될 거예요. 그리고 부모님의 걱정을 언어치료사에게 솔직하게 터놓고 이야기를 나누어 보세요. 언어치료사는 장기적인 목표를 가지고 치료를 진행하는 중이거든요.

말더듬이 나아지고 있는지 어떻게 알 수 있을까요?

변이가 계속되면 이게 나아지고 있는 것인지 심해지고 있는 것인지 판단하기 어렵죠. 말더듬의 지속 기간과 심한 정도를 확인해 주세요. 유창한 기간이 길어지고 더듬는 기간이 짧아지면서 더듬는 정도가 약해진다면 말더듬이 나아지는 방향으로 진행되고 있음을 의미해요. 반대로 더듬는 기간이 길어지고 유창한 기간이 짧아지면서 더듬는 정도가 심해진다면 말더듬이 심해지는 방향으로 진행되고 있음을 의미해요.

변이성은 말더듬의 주요한 특징이다.
말더듬이 심해지면 아이를 도울 기회라고 생각하자.

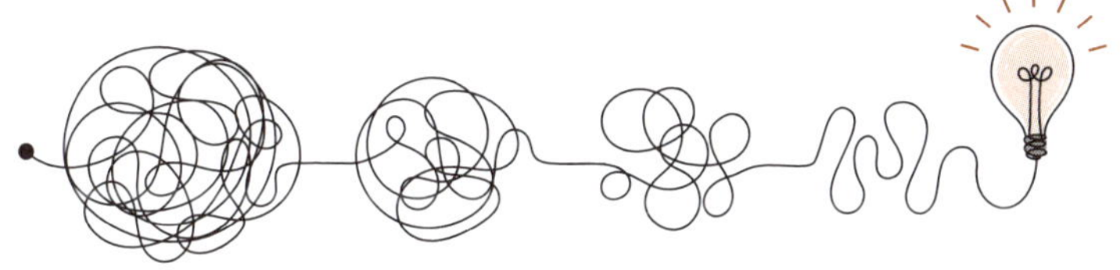

아직 어린데요 더 지켜봐도 될까요

👫 부모

이제 생후 25개월이 되었는데 말을 더듬기 시작했어요. 지켜봐도 될까요?

언어치료사

아이가 한두 마디 말을 시작할 때는 더듬지 않다가 어느 순간 더듬기 시작해서 놀라셨죠? 야이리와 앰브로즈(2005)에 의하면 더듬는 아이의 약 95%는 생후 16개월부터 4세 이내에 더듬기 시작한다고 해요. 이 중 어떤 아이는 일시적으로 말을 더듬다가 회복되고, 어떤 아이는 회복되지 않고 계속 더듬어요.

주변에서 기다려 보라는 말을 들었어요.

말더듬의 자연회복률은 연구마다 차이가 있는데, 약 70~80%는 다른 도움 없이 회복된다(Yairi & Ambrose, 2005; Yairi & Seery, 2015)고 알려져 있어요. 다시 말해, 최소 20% 정도의 아이는 말더듬에서 자연스럽게 회복되지 않는다는 뜻이에요. 20%, 숫자로는 작게 느껴질 수 있지만 이에 해당하는 아이에게는 100%가 될 수 있어요.

어떤 아이가 계속 말을 더듬는 걸까요?

연구자들이 말더듬의 예후에 영향을 미치는 요인들을 연구하고 있지만 아직 모두 밝혀지지는 않았어요. 하지만 저희는 이전보다 말더듬을 지속시키는 요인들에 대해 더 많이 알게 되었어요. 예를 들어, 가족력, 성별, 말더듬 지속 기간, 말더듬 중증도의 변화, 반복의 속도와 형태, 탈출 및 회피행동 여부, 말더듬 발생 연령, 표현언어와 음운 발달, 다른 어려움의 동반 여부, 기질(정서적 반응성과 정서 조절력) 같은 것들이죠. 하지만 이 요인들이 각각 어느 정도의 영향을 미치는지, 이 요인들이 어떻게 상호작용하는지는 알기 어려워요. 앞으로 이에 대한 연구가 더 많이 이루어져야 해요.

아이가 감기에만 걸려도 병원을 찾아가는데, 더듬을 때는 왜 전문가를 찾아가지 않을까요?

어린이집 교사와 인터뷰하면서 이런 말을 들었어요. 전문가가 아닌 자기가 보기에도 아이가 심하게 더듬어서 부모에게 알렸는데, 부모가 전문가를 찾아가는 일을 자꾸 미룬다고요. 아이의 말더듬을 확인하는 일은 부모에게 두려운 일이에요. 전문가에게 아이의 말더듬이 지속될 가능성이 있다는 말을 듣는다는 것은 상상도 하고 싶지 않은 일이니까요.

말더듬은 아토피, 감기, 소아당뇨 같은 질환에 비유해서 설명되기도 해요. 아토피를 예로 들어 볼게요. 아토피는 여러 요인이 복합적으로 작용하여 나타나죠. 아토피는 호전과 악화를 반복하며 만성적이 되기도 하지만 나이가 들면서 나아지기도 해요. 모든 부모가 시간이 지나면 나아질 거라는 기대를 가지고 아이가 피가 나게 긁고 있는 피부를 방치하지는 않을 거예요. 약을 처방 받아 먹이거나 바르고 면역력 증진에 도움이 되는 먹거리를 고민하고 환경적으로 아토피에 영향을 미칠 만한 요인들을 찾아서 제거할 거예요. 전문가의 도움을 받아서 아이가 최대한 힘들지 않게 도울 거예요. 말더듬도 비슷해요. 상대적으로 다수의 아이가 말더듬에서 회복되겠지만 말더듬을 경험하는 동안 아이가 덜 힘들게 도울 수 있어요. 물론, 오래 지속될 가능성이 있는 아이는 그대로 두면 커서도 말더듬으로 고통받을 수 있기 때문에 빨리 도와야 해요.

언제까지 말더듬을 지켜봐야 할까요?

말더듬은 빠른 접근이 가장 중요해요. 3개월, 6개월, 1년……언어치료사마다 견해는 다를 수 있지만, 저는 부모님이 아이의 말더듬에 신경을 쓰기 시작했거나 아이가 보이는 비유창성이 유창함의 경계를 넘어선다면 바로 언어치료사를 찾아오시라고 말씀드려요. 그러면 저희는 아이의 비유창성이 걱정되는 말더듬 유형인지 살피고, 아이의 말에 전문적인 도움이 필요하다면 말씀드릴 거예요.

어떤 아이의 말더듬은 자연스럽게 회복되기도 하지만 어떤 아이의 말더듬은 커서도 지속될 수 있다.
말더듬을 지켜보기보다는 언어치료사를 찾아가자.

제2부

말더듬에 영향을
미치는 요인들

👥 부모

아이에게 다른 이상은 없는데, 갑자기 말을 더듬기 시작했어요. 도대체 왜 더듬는 건가요?

🗣 언어치료사

저희가 가장 자주 받는 질문이에요. 과거에는 말더듬의 원인을 하나로 설명했지만 말더듬에 영향을 미치는 여러 요인을 알게 된 지금은 그렇게 설명하지 않아요. 말더듬의 원인을 하나로만 설명하는 사람이 있다면 저희는 경계해야 해요. 아직도 과거의 이론에 묶여 있는 사람이니까요.

말더듬은 수수께끼, 퍼즐, 양파 등으로 비유되었어요. 이 비유로 예측하실 수 있겠지만 말더듬은 복잡해서 그 원인을 정확히 알기 어려워요. 하지만 많은 연구가 이루어졌고 이전보다 더 많은 것들을 알게 되었어요. 그 과정에서 말더듬은 다양한 요인이 상호작용하면서 발생한다는 것이 밝혀졌죠.

여러 연구자가 제시한 말더듬을 발생키거나 지속시키는 요인들을 정리하면, 크게 신체적 요인, 언어적 요인, 심리적 요인, 환경적 요인으로 나눌 수 있어요. 아이마다 영향을 받는 요인들이 달라요. 저희는 이를 찾기 위해 노력하지만 한두 가지만 드러날 수도 있어요. 한두 가지만 드러난다고 해서 그것만이 전부는 아니에요. 밝혀지지 않은 요인이 있거나 다른 요인 뒤에 숨겨져서 드러나지 않을 수도 있어요. 이 요인들은 상호작용을 하면서 말더듬을 발생시키거나 지속시키는데, 각각의 요인들이 어느 정도의 영향력을 발휘하는지 정확히 알기 어려워요.

　이러한 요인들을 불에 올려진 냄비로 설명해 볼게요. 냄비 안에 말더듬에 영향을 미칠만한 여러 요인이 있어요. 유전, 뇌, 인지, 말과 언어, 심리 및 정서 같은 것들이요. 냄비를 끓게 하는 불은 아이가 말할 때 경험하는 환경적인 부분들이에요.

　냄비 안의 요인은 아이가 갖추어야 할 능력이에요. 아이의 나이에 비해 이 요인들이 부족하거나 약하고, 이 요인들이 상호작용하면서 크기가 커지고, 환경적으로 압박하는 요인들까지 늘어난다면 냄비 밖으로 내용물이 흘러넘치게 되고 그것은 말더듬으로 나타나요. 반대로, 냄비의 여러 요인이 아이의 나이에 맞게 발달하고, 약한 부분이 있더라도 그 정도가 매우 미미하거나 서로 영향을 덜 미치고, 환경적으로 압박을 주는 요인들이 적다면 냄비 안의 내용물은 끓어 넘치지 않아서 말더듬이 드러나지 않아요.

저희는 평가 과정에서 부모님이 알려 주신 내용과 저희가 아이를 관찰하고 평가한 내용을 종합해서 냄비를 채우거나 뜨겁게 하는 요인들을 찾아낼 거예요. 그리고 치료 과정에서 이 요인들을 조정해요. 부족하거나 취약한 부분을 보완해서 냄비 안을 여유 있게 만들고 압박하는 환경적 요인들을 조정해서 가해지는 불의 세기를 약하게 만들어 냄비가 끓어 넘치지 않게 할 거예요. 이를 위해서 저희도 부모님도 말더듬을 발생시키거나 지속시키는 요인들에 대해 알고 있어야 해요.

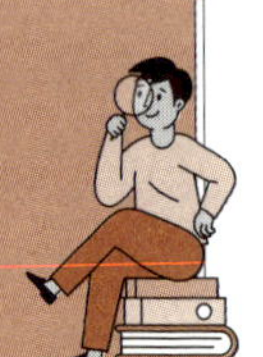

👥 부모

아이 아빠가 가끔 더듬어요. 회사 생활은 잘하고 있는데 집에서 저한테 말할 때는 더듬어요. 아이 아빠가 어렸을 때부터 더듬었대요. 말더듬이 유전되는 걸까요?

🗣 언어치료사

아이가 가진 유전 요인은 말더듬에 영향을 미칠 수 있어요. 하지만 말더듬과 관련된 가족력이 없는 아이 중 더듬는 아이도 있어서 유전이 절대적인 요인이라고 말할 수는 없어요. 말더듬이 어느 정도 유전되는지 알아보는 쌍둥이 연구 결과들을 봐도 그래요. 일란성 쌍둥이 중 한 명이 더듬을 때 다른 한 명이 100% 더듬어야 유전적 요인으로만 말더듬이 발생한다고 설명할 수 있는데, 그렇지 않거든요. 유전이 일부 영향을 미칠 수는 있지만, 그것만이 전부는 아니에요.

유전과 환경이 상호작용하면서 말더듬에 영향을 미칠 수 있어요. 제가 만난 아이 중 아버지도 할아버지도 더듬는 아이가 있었어요. 그분들은 더듬지만 성실하게 직장생활을 하셨고 인품도 훌륭하셨어요. 아이의 어머니가 저에게 전해준 이야기인데, 아이가 말을 더듬을 때 아이의 아버지가 아이의 등을 치는 모습을 보았다고 해요. 아버지는 아이의 말더듬이 안타깝고 돕고 싶은 마음에 그런 행동을 하셨겠지만 아이는 말더듬과 아버지의 행동을 연결해서 기억하고, 말을 더듬을 때마다 아버지가 등을 칠 것을 예측하며 더 긴장할 수 있어요. 그 긴장감은 말을 더 어렵게 할 수 있고요. 그래서 유전적 요인만으로 말더듬을 설명할 수는 없어요.

🧒 왜 누나는 더듬지 않는데 동생은 더듬나요?

아이들이 신체적으로 같은 유전자를 가지고 태어났더라도 운동, 언어, 인지, 정서, 심리적 측면에서 다른 발달을 보이고 그에 따라 환경적인 영향도 달리 받아들일 수 있어서 형제 또는 자매라고 해서 모두 더듬지는 않아요. 또한 아이마다 영향을 받는 요인이 다르기 때문에 아이별로 살펴봐야 해요.

🧒 남자아이는 더 빨리 치료받아야 한다고 하던데요.

성별에 따른 말더듬의 발생률은 평균 남녀 3:1 또는 4:1로 알려져 있어요. 그런데 나이대로 나누어 보면 차이가 커요. 말더듬이 나타나는 시기의 남녀 비율은 거의 비슷(Yairi & Ambrose, 2005)하다가 학령기 이후 성인기까지의 남녀 비율은 5:1 또는 6:1 정도(Bloodstein & Bernstein Ratner, 2008)로 높아져요. 나이가 들어갈수록 남자의 비율이 훨씬 높아지는데 이는 남자아이가 여자아이보다 계속 더듬을 가능성이 높다는 거죠. 반대로 여자아이가 회복될 가능성이 더 높다는 뜻이기도 해요. 하지만 여자아이라도 나이들어서 계속 더듬을 수 있기 때문에 성별 하나만으로 치료 진행 여부를 결정하지 않아요.

유전자 연구가 진행되고 있다고 하던데요.

게놈 프로젝트로 말더듬에 관한 유전자 연구가 진행되었고 말더듬은 여러 유전자가 관련되어 있다고 알려졌어요. 다시 말하면, 말더듬이 하나의 유전자로 설명되지 않는다는 거죠. 연구가 계속되고 있지만 아직 부족해요. 앞으로 더 많은 유전 연구가 이루어져서 말더듬을 치료할 수 있는 새로운 치료법이 개발되기를 바라고 있어요.

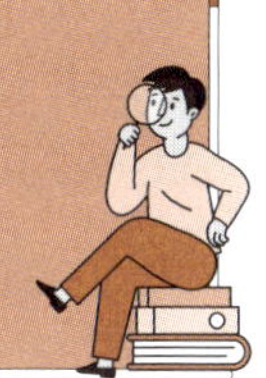

👫 부모

말더듬은 뇌의 문제라고 들었어요. 아이가 머리를 다친 적은 없는데요. 뇌 MRI라도 찍어 봐야 할까요?

🗣 언어치료사

우리가 느끼고 숨 쉬고 움직이는 모든 것을 뇌에서 처리해요. 말과 언어도 그래요. 뇌에서 언어를 계획하고 호흡, 발성, 발음 기관에게 명령을 내려보내서 말이 입밖으로 나가게 하죠. 그래서 말더듬을 신경 발달의 차이로 설명하기도 해요. 아이가 머리를 다친 적이 없다면 그리고 다른 문제가 의심되지 않는다면 말더듬만을 이유로 뇌 검사를 받지 않아도 돼요.

🧒 뇌의 문제라면 회복이 안 되는 거 아닌가요?

신경 발달의 차이라고 하면 뇌의 문제이므로 회복이 어려운 것은 아닌지 걱정하시는 분들이 있어요. 그런데 뇌는 '가소성'이라는 특징을 가지고 있어요. 뇌는 발달하면서 끊임없이 변해요. 그래서 아이가 유창한 경험을 더 많이 더 오래 하게 되면 뇌도 이에 맞게 변하게 되죠. 이는 말더듬 치료를 진행하기 전과 후의 뇌 검사를 통해 확인되기도 했어요. 그래서 저희는 뇌에 집중하기보다 아이가 유창한 경험을 하는 데 집중할 거예요.

좌뇌와 우뇌의 균형을 맞추면 더듬지 않는다고 하던데요.

신경 영상 기술이 발달하기 전부터 더듬는 사람들의 뇌에 관한 연구가 진행되었어요. 보통 손잡이를 확인하거나 동시에 양쪽 귀에 소리를 들려주고 더 빨리 듣는 귀를 확인하는 과제를 통해 말과 언어를 맡아서 처리하는 뇌가 좌뇌(왼쪽 뇌반구)인지 우뇌(오른쪽 뇌반구)인지 살펴보는 연구였죠. 그 결과 더듬지 않는 사람들은 보통 좌뇌가 말과 언어를 맡아서 처리하는데 더듬는 사람들은 우뇌가 처리하거나 좌뇌와 우뇌가 같이 처리할 수 있다고 보고되었어요.

CT, MRI, fMRI, PET, SPECT 등의 신경 영상 기술이 발달하면서 더듬는 사람들의 뇌를 더 자세히 들여다보게 되었어요. 그에 따라 저희는 더듬지 않는 사람들과 더듬는 사람들의 뇌 구조와 기능의 차이에 대해 더 많이 알게 되었죠. 하지만 모든 연구자가 이런 차이를 발견한 것은 아니에요. 또한 발견된 차이가 더듬는 사람의 경험으로 인해 변화된 것인지 원래부터 달랐던 것인지를 알려면 어린아이의 뇌 연구도 진행되어야 하는데, 아직은 그 수가 적어서 신뢰할 만한 데이터가 쌓이지 않았어요. 그래서 지금은 뇌 균형을 맞추는 치료를 권해 드리기는 어려워요.

10 인지능력이 낮은 걸까요

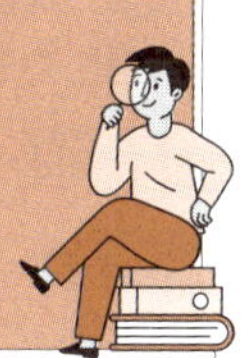

👩‍👩 부모

아이가 너무 심하게 더듬으니까 인지능력이 낮은 건 아닌지 걱정이 되네요.

👩 언어치료사

인지능력은 아이마다 달라요. 더듬는 아이의 인지능력은 또래와 비슷하거나 높은 경우가 더 많아요. 낮은 인지능력으로 단어를 말하거나 문장을 구성하는 데 어려움이 있는 아이는 더듬는 형태가 다를 수 있어요. 말을 시작하기 전에 주저하거나 '어, 음, 그런데' 같은 삽입어로 시간을 지연시키거나 단어의 전체나 부분을 반복하는 형태를 더 자주 보일 수 있어요. 일부는 낮은 인지능력에 말더듬이 동반되어 이런 정상적인 비유창성뿐만 아니라 연장과 막힘, 탈출행동을 보일 수 있어요.

🧒 탈출행동이나 회피행동으로 인지가 낮다고 오해받았어요.

아이가 더듬을 때 신체적인 움직임을 자주 보이거나 말해야 하는 상황에서 더듬는 것이 싫어서 상황을 회피하고 짧게 말할 수 있어요. 이럴 때 대화 상대자는 아이가 인지능력이 낮아서 말을 잘 못한다고 생각할 수 있어요. 이러한 모습이 말더듬 때문에 나타나는 것인지, 인지 또는 언어능력과 관련된 것인지 평가를 통해 확인할 수 있어요.

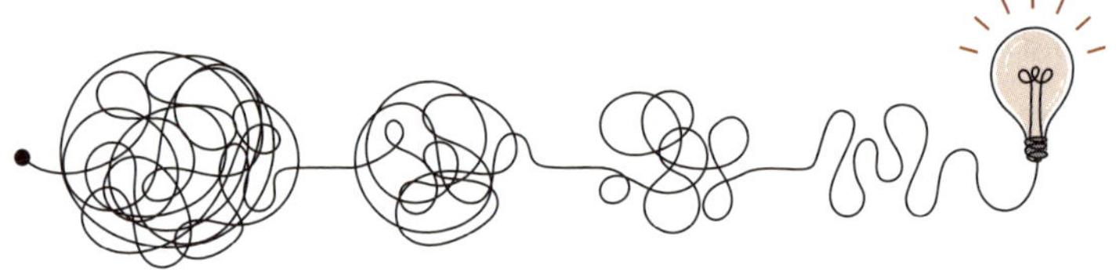

11 언어가 늘면서 더듬는 거 같아요

👫 부모 1

아이가 만 3세인데요. 요즘 아이의 언어가 한창 늘고 있어요. 문장도 길어지고 새로운 단어들도 쓰기 시작했어요. 그런데 말더듬도 같이 늘어나네요.

👫 부모 2

말더듬이 심해졌다가 약해지면 언어가 더 발달한 것처럼 느껴져요.

🎧 언어치료사

취학 전 시기는 언어가 발달하는 시기예요. 그런데 말더듬도 대부분 이 시기에 발생해요. 언어 발달과 말더듬은 서로 영향을 주고 받아요. 예를 들어, 문장의 길이가 길어지거나 복잡해지면 더 더듬어져요.

먼저 언어를 계획하고 말하는 과정을 살펴볼게요. 아이가 바닷가에서 본 '게'에 대해 엄마에게 말하려고 해요. 아이는 게가 옆으로 걸어간다는 표현을 하려 해요. 아이는 이를 표현할 단어를 머릿속의 어휘집에서 꺼내고 문법에 맞추어 문장을 구성하고, 자음과 모음에 해당하는 말소리를 입혀요. 이것은 '언어'에 해당하는 부분이에요.

　아이는 머릿속에서 언어를 구성한 다음, 호흡, 발성, 발음 기관의 근육들에게 명령을 내려보내요. 그러면 폐는 숨을 내쉬면서 공기를 내보내고, 이 공기가 성대를 지나면서 소리를 내요. 동시에 입술, 혀, 턱 등을 움직여서 발음을 만들고 입과 코 밖으로 내보내죠. 이것은 '말'에 해당하는 부분이에요.

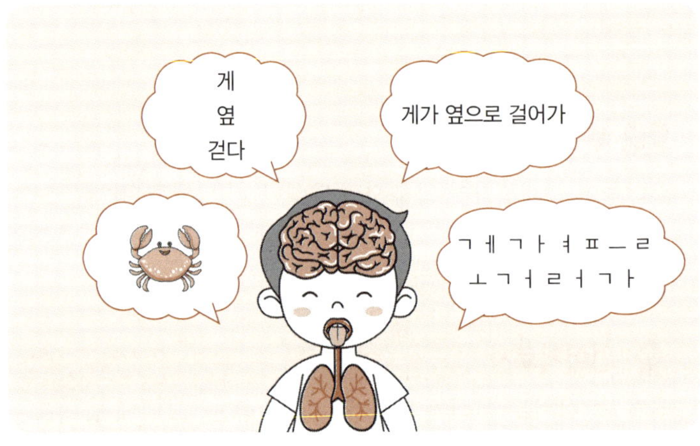

　이러한 과정을 통해 언어를 구성하고 대화상대자에게 말로 그 메시지를 전달해요. 그런데, 아이의 뇌에서 언어 구성이 잘되지 않는다면요? 예를 들어, '옆'이라는 단어를 알지 못하거나 '앞'이라고 해야 할지 '옆'이라고 해야 할지 혼동할 수 있어요. 한국어 문법에 맞게 문장을 구성해야 하는데, 순서를 정확히 알지 못하면 그 문장이 뒤죽박죽될 수 있죠. 단어에 맞는 소릿값을 찾아서 입혀야 하는데 헷갈리면 잘못된 소릿값을 입힐 수 있어요.

머릿속에서는 제대로 언어를 구성해서 명령을 내려보냈는데, 말하는 과정에 어려움이 있다면요? 예를 들어, 호흡과 발성, 발음 기관들이 순서에 맞게 척척 움직여서 뇌에서 계획한 메시지를 유창하게 전달해야 하는데, 기관들이 순서를 제대로 맞추지 못하거나 기관들이 움직이는 데 시간이 많이 걸리면 말이 유창하게 흘러 나가지 못해요.

이처럼 언어를 구성하는 단계와 말을 수행하는 단계 모두 말더듬과 관련되어 있어요. 좀 더 자세히 설명하면, 뇌에서 언어를 계획하는 부분과 관련된 유창성을 '언어 유창성'이라고 부르고 근육들을 움직여서 말을 산출하는 데 관련된 유창성을 '말 유창성'이라고 불러요. 보통 말더듬은 '말 유창성'에 해당하지만, 언어가 발달하는 취학 전 시기에 나타나는 말더듬에는 '말 유창성'뿐만 아니라 '언어 유창성'도 영향을 미쳐요. 말이 발달하는 시기에는 모든 영역이 동시에 안정적으로 발달하는 것이 아니기 때문에 각 영역의 발달 정도에 따라 다른 영향을 받을 수 있어요.

12 발음이 정확하지 않아요

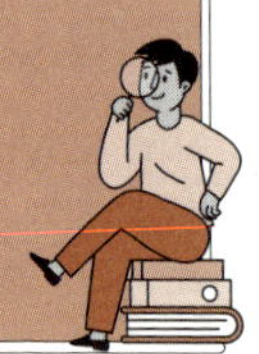

👫 부모

저희 아이가 또래만큼 정확하게 발음하지 못해요. 어떤 때는 발음이 뭉개져서 알아듣기 어려울 때도 있고요.

🗣 언어치료사

부정확한 발음 때문에 말더듬이 나타난다고 말하기는 어렵지만, 발음과 말더듬은 서로 영향을 주고 받을 수 있어요. 발음하는 단어의 복잡한 정도와 말더듬이 관련되어 있다는 연구 결과도 있고, 언어치료 현장에서 발음을 치료하다가 말더듬이 심해졌다는 말을 듣기도 하죠. 말이 유창하게 흘러나오지 않는 상황에서 발음하는 데 많은 에너지를 쓰다 보면 유창성에는 에너지를 쓰지 못할 수 있고, 발음을 정확하게 하려고 미세하더라도 구강의 말근육들에 힘을 주다 보면 그 근육의 긴장도가 말더듬에 영향을 미칠 수 있어요.

13 영어를 배우고 있는데요

👩‍👩 부모

지금 어린이집에서 영어 수업을 받고 있는데요. 영어를 배워서 더 더듬는 걸까요? 내년에 영어유치원에 보내고 싶은데 그래도 될까요?

👩 언어치료사

요즘은 영어를 제2외국어가 아닌 이중언어처럼 사용하는 아이가 많아졌어요. 제가 치료하는 아이 중 몇 명은 영어유치원에 다니고 있고, 가정에서도 자연스럽게 영어를 사용해요. 다른 언어의 습득이 말더듬에 어느 정도 영향을 주는지 연구 결과를 근거로 말씀드리고 싶은데 결과들이 일치하지 않아서 정확히 말씀드리기는 어려워요.

저희가 알고 있어야 할 점은, 다른 언어를 습득할 때 삽입어, 주저, 수정, 음절, 어절이나 구/절의 반복 같은 비유창성의 빈도가 높아질 수 있다는 거예요. 예를 들어, 영어를 배우는 아이가 '사과'에 대해 말하려고 할 때 머릿속에 '사과'라는 한국어와 'apple'이라는 영어가 같이 떠오를 거예요. 이때 문장에 맞는 단어를 선택하거나 선택한 단어가 문장 형식에 맞지 않는 경우 다른 단어로 바꾸는 데 시간이 필요하죠. 그래서 비유창함이 더 늘 수 있어요.

언어능력이 지연되어 있거나, 공식적인 검사 결과에서 정상 범위의 언어 발달을 보이더라도 미세한 차이를 보이는 경우 다른 언어의 습득이 말더듬에 더 큰 영향을 미칠 수 있어요. 언어 발달이 느린 아이는 한국어뿐만 아니라 다른 언어를 익히는 데도 어려움을 보일 가능성이 높으니까요. 이런 경우는 다른 언어의 습득 시기에 대한 고민이 필요해요.

다른 언어의 습득은 아이의 발달 과정에 필요한 일이에요. 이것은 아이에게 큰 장점이 되기도 하죠. 아이의 영어유치원 입학에 대해 제가 결정을 해 드리기는 어려워요. 부모님이 아이의 말더듬에 대한 평가와 상담을 받으시고 말씀드린 사항을 고려해서 결정해 주세요.

14 후두 말더듬이라고 들었어요

👫 부모

아이가 말할 때 목에 힘을 줘요. 반복이 심해질 때는 음성이 떨리듯이 나오기도 하고요. 후두 말더듬이라고 들었어요.

👩 언어치료사

성대의 문제가 말더듬의 주요한 원인이라고 알려졌던 때가 있었어요. 지금은 성대뿐만 아니라 폐, 입술, 혀, 턱 등을 움직이는 근육에 힘이 많이 들어가는 것이 말더듬에 영향을 미칠 수 있다고 설명해요. 말이 막히면 지나치게 목에 힘을 주고 반복이 심해지면 경련하듯이 떨리면서 빨라지는 모습은 말더듬이 심해졌다는 신호거든요.

후두 말더듬이라는 용어는 경련성 발성장애(spasmodic dysphonia)에서 보이는 말더듬을 표현할 때 사용해요. 경련성 발성장애를 가진 사람은 성대에 힘이 많이 들어가고 꽉 조여지는 음성을 사용해요. 그리고 말더듬과 같은 반복과 연장을 보이기도 해요. 경련성 발성장애는 40~60세 정도의 중년기에 발생하는 것으로 알려져 있어요. 지금 아이가 보이는 말더듬은 이에 해당하지 않아요.

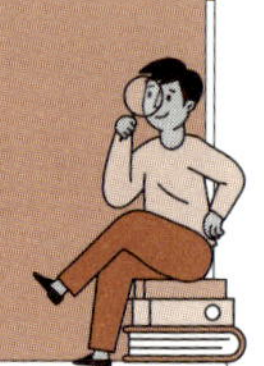

👥 부모

말더듬은 심리적인 문제라고 하던데요. 심리치료를 받으면 될까요?

🗣 언어치료사

상담하다 보면 말더듬을 심리 문제라고 말하는 사람들을 만나게 돼요. 심지어 일부 언어치료사도 그런 생각을 하고 있을 때가 있어요. 그런 생각을 가지게 된 이유 중 하나는 유창하게 말하다가 말더듬을 보이는 아이가 있기 때문이에요. 부모로서는 아이가 태어날 때부터 특별한 문제를 보이지 않았는데 갑자기 말을 더듬으니 심리적인 문제일 거라고 생각하는 거 같아요.

하지만 심리적 요인만으로 말더듬이 발생하지 않아요. 만약 심리적 요인으로 말더듬이 발생한다면 심리전문가들이 전공 교과목으로 말더듬이나 유창성장애를 배워야 하는데 그렇지 않거든요. 앞서 설명한 대로 말더듬에는 많은 요인들이 영향을 미치기 때문에 한 가지 요인으로 말더듬을 설명하는 것은 위험해요. 원인에 따라 치료 방향이 달라지기 때문에 말더듬의 원인을 제대로 아는 것이 중요해요.

말더듬에 영향을 미치는 여러 요인 중 심리 정서적인 요인이 있을 수 있어요. 이 중 말더듬과 불안에 관해서는 오랫동안 연구가 진행되었지만 그 둘의 관련성을 명확히 밝혀지지는 못했어요. 그러나 저희가 예측해 볼 수 있는 것들이 있어요. 예를 들어, 높은 불안을 가진 더듬는 아이는 불안으로 신체적 긴장감이 생길 수 있고 이 긴장감이 혀, 입술, 턱, 성대, 폐 등의 움직임을 방해한다면 말이 불편해질 수 있어요. 또한 다른 사람과 소통할 때 불안으로 인해 부정적인 경험이 쌓이면 말은 어려운 것이라는 인식을 가지게 될 수 있어요. 이러한 인식으로 발생하는 긴장감과 불안감은 말에 영향을 미칠 수 있어요.

더듬는 아이 모두가 불안감을 가지고 있지는 않아요. 그래서 언어치료사들은 아이의 말더듬을 평가할 때 이 부분도 세심히 살펴보고 다른 전문가의 도움도 필요하다고 판단되면 부모님에게 말씀드려요.

16 기질이나 성격 때문일까요

👫 부모

아이가 예민해요. 눈치도 빠르고요. 제가 조금만 무표정하게 있으면 엄마 화났냐고 물어봐요. 그리고 짜증도 자주 내요. 원하는 대로 되지 않으면 짜증을 부리거나 화를 내요. 어떤 때는 아이가 왜 짜증을 내는지 알아채지 못할 때도 있어요.

🧑 언어치료사

더듬는 아이의 기질에 관한 연구도 많이 진행되었어요. 초반에는 더듬는 아이들이 더 까다로운 기질을 가지고 있다고 알려졌고 최근에는 정서적 반응성과 조절력이 자주 언급되고 있어요. 이는 기질이 말더듬을 일으키고 지속시키는 하나의 요인일 수 있다는 뜻이에요.

정서적 반응성이란 정서 반응의 횟수와 그 정도에 대한 것으로 얼마나 쉽게 자극받는지를 말해요. 반응성이 높은 아이는 신나는 놀이를 할 때 과하게 흥분할 수 있고 자기가 원하는 대로 되지 않았을 때 매우 짜증을 내거나 화를 낼 수 있어요. 이런 정서 반응을 정서 조절력으로 조절하는데, 정서 조절력이 높은 아이는 빠르게 안정을 되찾지만 낮은 아이는 오랜 시간 동안 그 감정을 경험할 수 있어요.

사실, 정서적으로 민감하다는 것은 매우 특별한 능력이기도 해요. 다른 사람은 알아차리지 못하는 것을 이 아이는 빠르게 알아차릴 수 있다는 뜻이니까요. 그렇다는 것은 아이가 자신의 말더듬에 대한 정서적 자극도 빠르게 알아차릴 수 있다는 뜻이기도 해요. 이때 아이는 말더듬이 문제이고 자기 마음대로 말이 되어지지 않는다고 생각할 때 더 부정적으로 반응할 수 있어요. 여기에 아이의 정서 조절력까지 낮다면 말더듬으로 발생하는 정서를 처리하기 어렵고 말더듬에 대처하는 능력도 낮아져서 더 많이 더듬을 수 있어요.

경쟁심이 너무 강해요.

강한 경쟁심은 긍정적인 측면이 있죠. 뭐든 잘하고 싶은 욕구를 가졌기 때문에 원하는 것을 얻기 위해 누구보다 열심히 할 거거든요. 하지만 이런 기질이 말만 피해 가지는 않아요. 경쟁심이 강한 아이는 말도 잘하고 싶어 해요. 누나나 언니 또는 부모만큼 말을 잘 하고 싶어할 수 있어요. 아직 어려서 그만큼 언어를 구성할 능력을 갖추고 있지 못한데, 잘하고 싶은 욕심에 자꾸 복잡하고 긴 문장들을 만들다 보면 더 더듬을 수 있어요.

경쟁심이 강한 아이는 말도 더 빠르게 하고 싶어할 수 있어요. 알고 있는 것을 친구들보다 더 빨리 말해야 하거든요. 저희는 알고 있죠. 달리기할 때 1등을 하고 싶어서 자신의 운동능력보다 더 빠르게 다리를 움직이면 넘어질 가능성이 높다는 것을요. 말도 그래요. 더 빠르게 말하고 싶지만 자신의 말근육들이 그 속도를 따라가지 못하면 더 더듬어질 수 있어요.

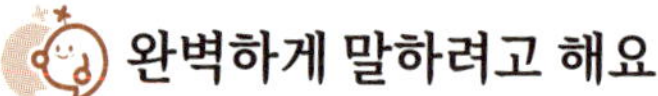 **완벽하게 말하려고 해요.**

모든 기질은 장단점이 있어요. 완벽함을 추구하는 것도 마찬가지예요. 작은 것 하나도 자기가 세운 기준만큼 완벽하게 해내려는 태도는 큰 장점이기도 하죠.

완벽함을 추구하는 아이에게 말만 예외일 수 없어요. 아이는 말더듬을 조절해서 자기가 세운 기준대로 완벽하게 말하고 싶을 거예요. 하지만 말더듬을 통제하기 어렵죠. 그러면 아이는 말할 때마다 말더듬이 나오는지 계속 감시할 거예요. 이런 인지적인 노력은 긴장감을 가지게 하고 언어 구성과 말 수행에 쓸 에너지를 뺏어갈 수 있어요. 그러면 더 더듬어질 수 있죠. 말더듬을 막으려고 했는데 막아지지 않으면 아이는 다른 방법을 찾아요. 눈에 띄지 않는 탈출행동을 하거나 자연스럽게 말더듬을 숨기는 회피행동을 할 수 있어요. 탈출이나 회피행동이 나타난다는 것은 말더듬이 더 심해졌다는 신호로, 완벽하게 말하려고 하는 아이는 이런 행동들을 더 보일 수 있어요.

17 환경의 변화가 말더듬을 일으키나요

👫 부모

아이가 만 3세 되었을 때부터 어린이집에 보내기 시작했는데요. 그때부터 말더듬이 시작됐어요.

👩 언어치료사

모든 사람은 시시각각 변화를 경험해요. 아이도 이런 변화를 경험하면서 성장하죠. 처음 어린이집이나 유치원에 등원할 때 보통 적응 기간을 거쳐요. 아이가 등원을 거부하지 않게 시간을 늘리면서 그 공간에 머무르게 하죠. 그만큼 아이에게 큰 변화라는 뜻이죠. 변화에 대한 반응은 아이마다 다른데, 어떤 아이는 감당하기 어려울 수 있어요. 그러면 강한 스트레스를 받고 크게 긴장할 수 있죠.

새로운 기관에 처음 가는 것뿐만 아니라 이사하거나 동생이 태어나거나 부모가 이혼하는 등 큰 사건들을 경험할 때 아이가 감당하기 어려운 스트레스를 받을 수 있고, 이 영향으로 말더듬을 보일 수 있어요. 그렇다고 해서 이 사건 하나가 말더듬의 유일한 원인은 아니에요. 이미 아이가 드러나지 않을 정도로 말에 약한 부분이 있었는데 감당하기 어려운 경험과 상호작용하면서 말더듬이 나타나는 거죠.

더듬는 아이가 새로운 환경 자극에 더 민감하고 적응하는 데 시간이 더 오래 걸린다는 연구 결과가 있어요. 정서적으로 민감한데 조절력까지 낮다면 더 큰 어려움을 보일 수 있죠. 예를 들어, 결혼식장이라는 낯선 장소와 처음 보는 사람들 사이에 둘러싸인 경험만으로도 말더듬이 심해지는 아이도 있어요. 변화에 대한 아이의 반응은 모두 달라서 한 명 한 명 개별적으로 살펴봐야 해요.

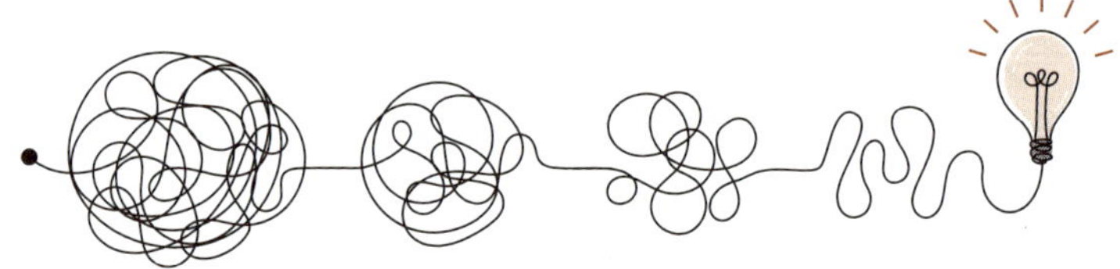

18 더듬는 친구와 같이 놀았어요

 **부모**

아이에게 친한 친구가 있는데요. 그 아이가 더듬어요. 아이가 그 친구와 자주 놀아서 말더듬을 배운 걸까요?

언어치료사

그럴 가능성은 없어요. 자신이 어렸을 때 친구의 말을 따라 해서 더듬기 시작했다는 성인들이 있는데요. 따라 해서 말더듬이 나타났다면 흉내를 낸 모든 아이가 더듬어야 하는데 그렇지 않거든요. 그리고 아이와 아이 친구의 말더듬 유형이 100% 똑같지 않아요. 아이마다 더듬는 모습은 조금씩 다르거든요. 그래서 모방만으로 말더듬이 시작되었다고 볼 수 없어요. 만약 더듬는 친구와 논 이후부터 더듬기 시작했다면, 이것은 놀아서 그런 것이 아니에요. 이미 아이가 더듬는 데 영향을 미치는 요인들을 가지고 있었고, 이를 가중시키는 다른 요인이 있었을 거예요. 우연히 그 시기가 겹친 것뿐이에요.

부모가 무언가를 잘못한 걸까요

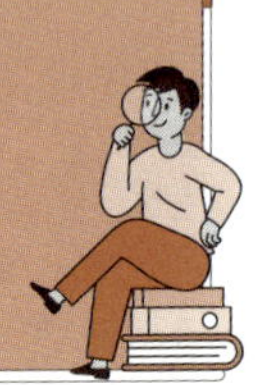

👥 부모

술술 잘 말하던 아이가 갑자기 더듬으니 저희가 무언가를 잘못하고 있는 것은 아닌지 계속 생각해 보게 돼요. 언어치료사도 저희가 아이를 도울 수 있는 방법들을 말해 주던데요. 그렇다는 것은 저희가 무언가를 잘못하고 있다는 뜻이잖아요.

🗣 언어치료사

확실히 말씀드리고 싶어요. 부모님은 말더듬의 원인이 아니에요! 무언가를 잘못하고 계신 것도 아니고요! 연구 결과를 봐도 그래요. 더듬는 아이와 더듬지 않는 아이의 가정환경이 다른지 살펴 본 연구들은 일관된 결과를 보고하지 못했어요. 부모의 심리 상태에 관한 연구도 마찬가지인데, 어떤 연구에서는 더듬는 아이의 부모가 가진 불안이 보통 수준보다 높다고 보고했지만, 어떤 연구에서는 더듬는 아이의 부모가 심리적으로 더 건강하다고 보고했어요. 또한 앞서 설명해 드린 대로 말더듬은 하나의 요인으로 나타나지 않기 때문에 부모님으로 인해 아이가 더듬는다고 어느 누구도 말하기 어려워요.

중요한 것은, 이미 말을 더듬는 아이에게는 부모님이 매우 중요한 분이라는 거예요. 부모님이 말더듬을 지속시키는 요인들을 조정해 주실 수 있거든요. 이를 통해 아이의 유창한 경험을 늘려주고 더듬는 경험을 줄여 주실 수 있죠. 실제로 이런 변화는 아이의 말을 더 편안하게 만들 수 있어요.

아이에게 더 나은 변화가 나타났을 때 자책하시는 부모님도 계세요. 저희에게 배운 방법대로 아이를 도왔을 때 말더듬이 약해지면 기쁜 일임에도 '왜 내가 이전에 이런 방식으로 아이와 소통하지 못했을까! 이전부터 아이와 이렇게 대화했다면 아이에게 말더듬이 나타나지 않았을 텐데…….' 하는 생각으로 속상하실 수 있어요. 그런데 오히려 이런 부모님의 마음이 아이의 말을 어렵게 할 수 있다는 것을 기억해 주세요. 부모님이 자책하시는 시간이 길어지면 민감한 아이는 이것을 눈치채서 긴장할 수 있고, 그 긴장감은 아이의 말을 더 어렵게 할 수 있거든요.

다시 한번 말씀드리지만, 부모님은 말더듬의 원인이 아니에요. 그 생각을 내려놔 주세요. 저희는 부모님이 아이를 위해 늘 최선을 다하셨다는 것을 알고 있어요.

미리 알아보는
말더듬 평가와 치료

부모

말더듬 평가를 받을 때 부모와 아이의 놀이 상황도 살펴본다고 하네요. 남편도 같이 가야 할까요?

언어치료사

저는 부모님 모두 참여하기를 권해요. 부모님 모두 아이를 도울 수 있으니까요. 저희는 말더듬과 관련된 정보들을 최대한 많이 수집해서 치료에 반영할 거예요. 이때 아이에 대해 가장 잘 알고 있는 주변인들의 정보 제공이 중요해요. 아이가 조부모님과 같이 생활하는 시간이 더 많다면 조부모님과 같이 오세요. 아이가 어린이집이나 유치원에서 오랜 시간을 보낸다면 선생님과 통화할 수 있게 해 주세요. 아이의 양육에 참여하고 있는 사람이 누구든 저희와 면담할 수 있게 해 주세요.

저희는 평가 과정에서 부모와 아이의 1:1 놀이를 살펴봐요. 부모님이 무언가를 잘못한다는 의미가 절대 아니에요. 이미 말더듬을 보이는 아이에게 부모님은 큰 도움을 줄 수 있기 때문이에요. 저희는 놀이 상황에서 보이는 부모님과 아이의 상호작용을 살피고 아이에게 도움이 되는 방법들을 찾아서 말씀드릴 거예요.

놀잇감은 치료실에 비치되어 있어요. 아이가 특정 장난감만 가지고 논다면 그 장난감을 가지고 오세요. 내원하지 못하신다면 가정에서 촬영한 아이와의 놀이 영상을 보내 주세요. 취학 전 아이의 말더듬 치료에서 부모님의 도움은 매우 중요하기 때문에 어떤 방식이든 부모님과 면담하고 부모님과 아이의 상호작용을 확인할 거예요.

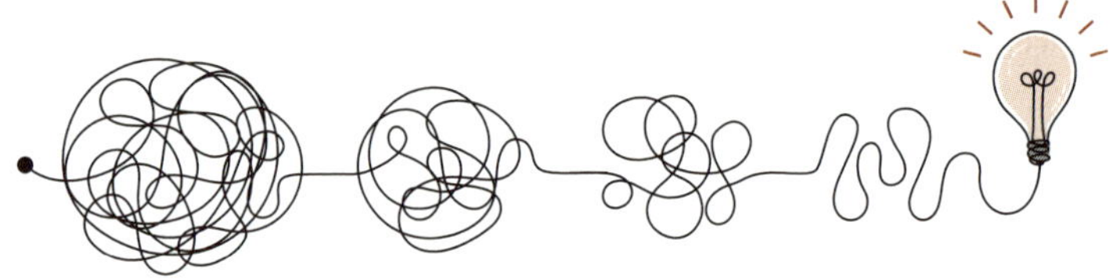

21 어리고 낯가림이 심한데 평가받을 수 있나요

👫 부모1

아이가 이제 생후 29개월인데 평가를 받을 수 있을까요?

👫 부모2

아이가 만 4세가 넘었는데, 낯선 사람을 만나거나 낯선 환경에 가게 되면 말을 거의 하지 않아요. 평가 받을 수 있을까요?

🗣️ 언어치료사

아이가 어려도 평가를 진행할 수 있어요. 아이가 어려서 그림을 보고 문장을 말하거나 이야기를 듣고 다시 말하기 어렵다면 공식적인 평가를 진행하지 않고 아이 수준에 맞는 여러 가지 놀이 상황에서 말더듬을 확인해요.

아이에게 낯가림이 있는 경우, 아이가 평가 장소에 익숙해지도록 부모님과 아이의 놀이를 먼저 진행해요. 이때 아이가 평상시처럼 말하지 않는다면, 평가자가 일방경이 있는 옆방에서 아이를 관찰해요. 그럼에도 아이가 낯선 장소 때문에 말하지 않는다면 가정에서 촬영한 영상을 통해 아이의 말을 확인해요. 부모님이 여러 상황에서 아이가 말하는 영상을 촬영해서 보내 주시면 저희는 이를 자세히 살펴보고 아이의 말더듬을 확인해요.

22 아이에 대해 왜 그렇게 자세히 물어보나요

👫 부모

아이의 말더듬을 평가하는데 왜 아이에 관해 물어볼까요? 아이의 성격뿐만 아니라 수면, 식습관, 일상생활까지 물어보던데요.

👩 언어치료사

말더듬에 관한 연구 결과를 통해 저희는 말더듬을 발생시키거나 지속시킨다고 알려진 여러 요인을 알게 되었어요. 신체적, 언어적, 환경적, 심리적 원인이죠. 특히 취학 전에는 말과 언어뿐만 아니라 신체, 인지, 정서, 사회성 등이 급격히 발달하는 시기예요. 한 가지 영역의 급격한 발달은 다른 영역에 영향을 미치기도 해요. 그래서 저희는 다른 영역들의 발달이 말더듬에 어떤 영향을 미치는지 알아야 해요. 예를 들어, 말운동능력이 민첩하지 못한 아이가 있어요. 그런데 충분히 자지 못한다면 피곤함을 느끼게 되고 이 피곤함은 민첩하지 못한 운동능력을 더 둔하게 만들 수 있어요. 이런 상황에서 말을 급하게 할 때 더 더듬어질 수 있죠.

한두 번의 평가와 상담만으로 이 모든 것을 파악하기는 어렵지만 최대한 많은 것을 파악해야 치료 방향을 명확히 할 수 있어요. 부모님은 저희에게 많은 정보를 주셔야 해요. 부모님이 아이를 가장 잘 알고 계시니까요. 저희는 말더듬과 관련이 있거나 앞

으로 말더듬 치료를 진행할 때 필요한 것들에 대해 부모님에게
자세히 들을 거예요.

- 가족 사항
- 신체 발달 및 건강 상태
- 말과 언어, 의사소통 전반
- 말더듬(형태, 중증도의 변화, 말더듬 발생 시 있었던 사건, 유창한 상황과 비유창한 상황, 가족력 등)
- 말더듬에 대한 아이 · 가족 · 주변인들의 인식, 감정, 태도
- 아이의 기질, 수면, 식습관, 일상 스케줄
- 이전의 치료 경험과 치료에 대한 기대

부모

평가를 받으러 갔더니 언어치료사가 공식적인 검사를 진행한다
면서 아이에게 그림을 보여 주며 말하게 했어요. 장난감 가지고 놀
이도 하더라고요. 그리고 아이의 말더듬이 심하다고 말해서 깜짝
놀랐어요. 시간이 30분 정도 걸렸나? 그 정도로 아이의 말더듬을 다
알 수 있나요?

언어치료사

평가는 크게 두 가지 방식으로 진행해요. 하나는 표준화된 검
사 도구로 아이의 말더듬을 확인하는 것이고, 다른 하나는 평가
자가 만든 과제나 놀이를 통해 말더듬을 확인하는 거예요. 어떤
방식이든 언어치료사는 말더듬을 확인할 수 있어요.

공식적으로 출판된 말더듬 검사 도구는 '파라다이스–유창성 검
사–II(심현섭, 신문자, 이은주, 2010)'와 '한국 아동 말더듬 검사(신명
선, 김효정, 장현진, 2022)'가 있어요. 아이의 말더듬을 평가할 때 이
중 한 가지만 실시해도 아이의 말더듬 정도를 알 수 있어요. 검사
는 여러 수준에서 아이의 말더듬을 확인할 수 있게 구성되어 있어
요. 예를 들어, '파라다이스–유창성 검사–II'는 취학 전 아이에게
다섯 가지 과제를 실시해요. 따라 말하기, 한 단어씩 말하기, 한 문

장씩 말하기, 여러 문장 말하기, 들은 이야기 다시 말하기로, 과제별로 난이도가 모두 달라요. 예를 들어, 따라 말하기 과제는 아이가 머릿속에서 단어를 꺼내거나 문장을 구성할 필요가 없는 과제예요. 만약 따라 말하기에서 말더듬이 나타나지 않는데 문장을 말할 때 말더듬이 나타난다면 아이가 언어를 계획하는 과정 어딘가에 약한 부분이 있다는 뜻이에요. 만약 한 단어씩 말하기에서 말을 심하게 더듬는다면 머릿속에서 단어를 꺼내는 것에 어려움이 있거나 말더듬이 더 심한 상황이라는 것을 확인할 수 있어요.

과제별로 모두 다른 의미가 있으므로 시간이 걸리더라도 모두 실시할 것을 권해요. 이 과정을 통해 말더듬의 심한 정도와 말더듬에 영향을 미치는 요인을 일부 확인할 수 있어요. 그리고 더 중요한 것은 아이가 어느 수준에서 더 유창하게 말할 수 있는지 확인할 수 있다는 거예요.

공식적인 검사를 실시하기 어렵다면 비공식적인 검사로 말더듬을 확인해요. 만약 최근에 다른 기관에서 공식적인 검사를 받았는데 보고서 내용이 부족해서 추가 검사가 필요하거나 아이가 너무 어려서 공식적인 검사를 진행하지 못하는 경우 아이에게 맞는 과제를 구성해서 평가를 진행해요. 비공식적으로 확인할 때도 세 가지에서 다섯 가지 정도의 다양한 상황에서 말더듬을 확인해요.

그리고 놀이에서도 말더듬을 확인해요. 놀이는 상황에 따라 흥분의 정도가 달라지기 때문에 말더듬의 변이를 확인할 수 있고 아이의 평상시 의사소통 태도도 알아볼 수 있어서 평가 과정에 꼭 포함해요.

말만 더듬는데 왜 언어와 발음도 평가하나요

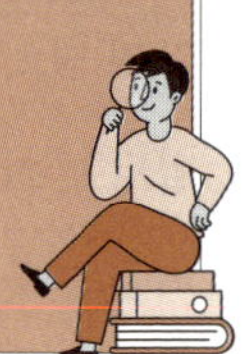

부모

　말더듬 평가를 받으려고 전화 문의를 했는데요. 언어치료사가 아이의 어휘 능력과 발음도 평가하겠다고 하네요. 아이의 발음에 문제가 없고 언어는 오히려 또래보다 빨리 발달하고 있다고 알렸는데요. 그래도 살펴볼 필요가 있다고 하네요. 혹시 '상술'일까요?

언어치료사

　말과 언어의 발달은 유창성과 서로 영향을 주고받아요. 그래서 저희는 말더듬을 평가할 때 언어와 발음(말운동능력 포함), 음성을 포함한 의사소통 전반을 확인해요. 이에 대해 하나씩 말씀드릴게요.

언어

　더듬는 아이의 언어 발달과 관련된 연구 결과를 보면, 더듬는 아이의 언어능력이 또래보다 부족하다고도 하고, 또래와 비슷하다고도 하고, 오히려 또래보다 높다고도 해요. 제가 만나본 더듬는 아이들의 언어능력은 모두 달라요. 어떤 아이는 언어 발달에 어려움이 없다고 부모님이 보고하셨는데, 실제 검사를 진행해 보면 낮은 언어능력이 확인되기도 해요. 말더듬이 심한 경우 말더듬 증상으로 아이의 언어능력이 가려져서 낮은 언어능력이 드러나지 않을 수도 있어요. 공식적인 검사 도구로 살펴보았을 때 언어능력이 정상 발달 범위에 있더라도 낮은 편에 속하거나 미세한 차이가 있을 때 말더듬에 영향을 미칠 수 있어요. 예를 들어, 뇌에 저장된 단어들을 찾을 때 시간이 많이 걸리거나, 정확히 그 단어를 말하기 전에 여러 번 오류를 보이거나 문장을 구성하는 데 어려움이 있어서 자주 수정하거나, 이야기를 또래만큼 구성하기 어렵거나, 핵심 내용을 한 번에 말하지 못하고 장황하게 말을 늘어놓는 경우 등 다양한 상황이 있어요. 반대로 또래보다 언어능력이 매우 높은 경우도 있어요. 이런 경우는 아이가 어른들이 사용하는 수준 높은 단어를 사용하려고 하거나 복잡하고 긴 문장을 구성하려는 욕구와 맞물려서 말을 더 어렵게 하기도 해요.

 발음

더듬는 아이 중 일부는 발음의 어려움을 동반하고 있어요. 뇌의 말소리 처리, 산출하는 말소리의 정확도, 말근육들의 민첩성, 말속도가 관련되어 있어요.

'음운'이라는 단어로 표현하기도 하는데, 아이의 뇌에 정확한 말소릿값이 저장되어 있지 않거나 맞는 말소릿값으로 전환하는 과정에 어려움이 있을 수 있어요.

아이의 정확하지 않은 발음도 말더듬에 영향을 미쳐요. 정확하게 발음하려면 입술과 혀, 턱 등의 말근육들을 미세하게 조정해서 제 위치에 두고 해당하는 말소리를 내야 해요. 아이가 자신의 발음이 틀린 것을 알고 다시 발음하려고 하는데 자기 마음대로 되지 않으면 미세하게라도 근육에 힘을 주게 돼요. 이 과정에서 발음기관에 힘이 너무 많이 들어가게 되면 근육의 긴장도가 올라가죠. 이러한 긴장도는 말더듬에 영향을 미칠 수 있어요. 발음에는 문제가 없는데, 말더듬이 너무 심할 때 아이의 의지대로 혀와 입술, 턱 등이 움직여지지 않아서 발음이 왜곡되기도 해요. 이런 경우 말더듬 정도가 약해지면 다시 정확하게 발음할 수 있어요.

말할 때 또래와 다르게 침을 많이 튀기거나 입가에 침이 고여 있거나 입안에 거품이 보이는 아이가 있어요. 구강의 말근육들이 민첩하게 움직여지지 않을 때 이런 모습을 보일 수 있어요. 부모님의 보고에서도 이와 관련된 단서를 찾을 수 있어요. 예를 들어, 대소근육의 발달이 또래에 비해 늦다거나 나이에 맞지 않게 음식을 입 밖으로 자주 흘리거나 아이가 질긴 음식을 거의 씹지 않고 삼키거나 뱉거나……, 이러한 내용을 종합해서 아이의 말운동능력을 예측해 볼 수 있어요.

이러한 상황에서 아이가 자신이 가진 구강의 말근육들의 움직임 속도보다 더 급하게 말을 시작하거나 더 빠른 속도로 말을 이어 나가면 발음이 뭉개질 수 있고 말더듬도 더 많이 나타날 수 있어요.

이러한 말운동능력과 언어능력의 균형이 맞지 않을 때 말더듬이 나타날 수 있어요. 다음의 그림에 설명한 바와 같이, 두 가지 능력이 비슷하면 말더듬에 영향을 거의 미치지 않지만 두 능력 간 차이가 발생하면 말더듬에 영향을 미칠 수 있어요.

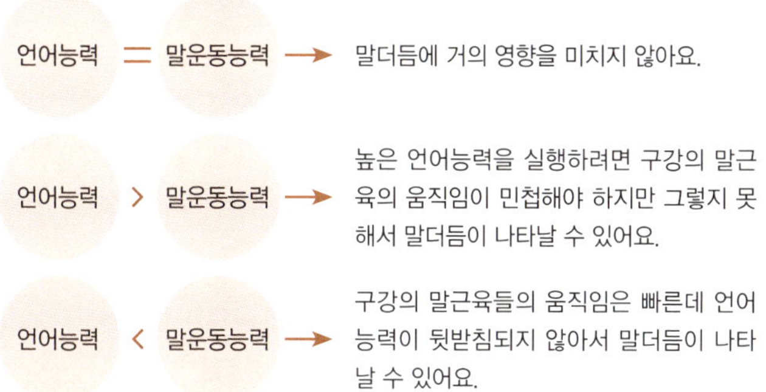

음성

저희는 아이의 언어와 발음 능력뿐만 아니라 음성에 대해서도 살펴봐요. 유창성을 늘리는 방법 중 하나가 부드러운 발성이기 때문이에요. 저희는 아이가 평소 목소리를 너무 크게 또는 작게, 음도를 너무 높게 사용하지 않는지, 목이 쉬어 있거나 바람 소리가 나지 않는지 살펴봐요.

아이가 말더듬을 피하려고 음성을 다양하게 사용할 수도 있고, 기질적으로 민감해서 평가실에서 평상시 음성을 사용하지 않을 수도 있어요. 이러한 변수를 고려해서 아이의 음성을 살펴봐야 해요.

말더듬만 평가받기를 원하는데 관련이 없을 것 같은 또는 이미 잘 발달하고 있다고 생각되는 언어나 발음 능력을 평가한다고 하면 부모님은 평가비를 더 받기 위해 쓸데없는 검사까지 진행한다고 생각하실 수 있어요. 하지만, 아이의 말더듬에 영향을 미치는 요인들을 확인하기 위해 꼭 필요한 과정임을 이해해 주세요.

25 평가는 어떻게 진행되나요

부모

평가는 어떻게 진행되나요? 아이에게 미리 알려 주려고 해요.

언어치료사

평가 과정은 보통 두 번으로 나누어 진행해요. 첫 번째 방문 시에는 아이를 데려오시고, 두 번째 방문 시에는 부모님만 오시면 되세요. 첫 번째 만남에서는 아이의 말더듬과 어휘력 평가, 부모님과 아이의 놀이, 부모님과의 면담을 진행해요. 두 번째 만남에서는 부모님에게 보고서를 보여 드리며 평가 결과와 함께 치료 방향을 설명드려요.

일반적인 평가 과정

• 첫 번째 만남

아이 입실 → 어휘력 평가 → 평가자와 아이의 놀이 → 쉬는 시간 → 말더듬 평가 → 부모와 아이의 놀이 → 평가자와 부모의 면담

• 두 번째 만남

부모 입실 → 평가 결과 보고 → 치료 방향 안내

- 아이가 어려서 부모의 보고로 어휘력을 평가해야 한다면, 평가일 전에 우편으로 관련 평가지를 보내드려요.
- 평가 과정에서 언어 발달 지연이 의심되거나 발음이 또래만큼 정확하지 않으면 2차 평가 일정을 정해서 심화 검사를 진행해요.

🍼 평가자와 부모가 면담하는 동안 아이는 무엇을 하나요?

저희가 부모님과 면담을 진행하는 동안 아이는 그 주변에서 놀아요. 아이가 저희의 면담 내용을 듣는 것이 걱정되시거나 아이가 평가자와 부모님의 말에 계속 끼어들어서 면담 진행이 어려울 것으로 예상되면 다른 가족(예: 조부모)과 함께 방문하시기를 권해 드려요. 아이가 면담 내용을 듣지 않기를 원하는데 다른 가족이 함께 올 수 없다면 돌아가면서 한 분씩 면담을 진행해요. 저희는 가능하다면 부모님 두 분이 함께 면담에 참여하시기를 권해 드려요. 그래야 서로 알고 있는 부분들을 공유할 수 있으니까요.

🍼 평가자와 부모가 면담하는 동안 아이가 기다리기 힘들다면 어떻게 하나요?

첫 번째 평가 과정을 2회로 나누어 진행할 수 있어요. 1회는 아이 없어 부모님만 방문하셔서 평가자와 면담을 진행하시고, 2회는 아이를 데리고 내원하셔서 말더듬 평가를 받으시면 돼요.

26 평가받을 때 말더듬이 나타나지 않으면 어떻게 하나요

부모

아이 말더듬에 변이가 있어요. 말더듬이 심해졌을 때 평가 예약을 해 두었는데 요즘은 말더듬이 거의 나타나지 않네요. 다시 심해지면 그때 평가를 받을까요?

언어치료사

지금 말더듬이 거의 나타나지 않더라도 말더듬 평가와 말더듬에 대한 부모교육을 권해 드려요.

언어치료사가 평가를 진행할 때 일시적으로 말더듬이 나타나게 하는 방법들을 사용하기도 해요. 예를 들어, 아이에게 2~3가지의 질문을 연속적으로 한다거나 아이가 말할 때 평가자가 다른 행동을 하면서 경청하지 않는 모습을 보인다거나 빨리 말하게 재촉하는 방법들이에요. 이런 방법들을 1~2회 사용한다고 해서 아이의 말더듬이 심해지는 것은 아니에요. 이런 상황들은 아이의 일상에서 자주 벌어지는 일이니까요.

저희가 이런 상황에서도 아이의 말더듬을 확인하기 어렵다면 부모의 보고를 통해 아이의 말더듬을 확인해요. 이전에 찍어 둔 영상이 있다면 전달받기도 해요. 이 정보들을 모두 종합해서 아이의 말더듬 형태와 정도를 확인할 수 있어요. 이를 기반으로 아

이에게 맞는 도움 방법을 부모님에게 알려드려요. 그러면 말더
듬이 다시 심해지기 전부터 아이를 도울 수 있어요.

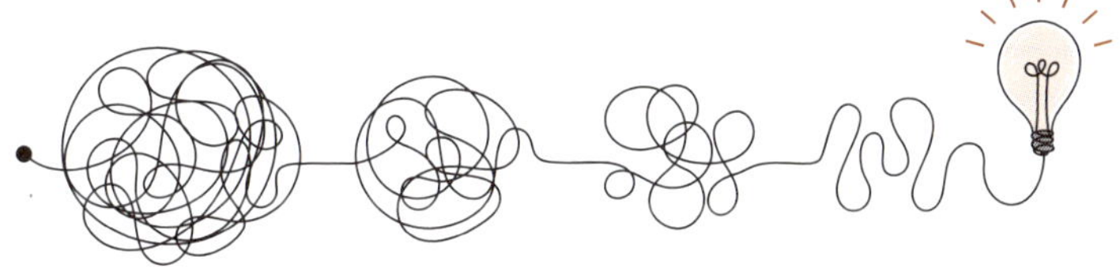

평가 없이 바로 치료를 시작할 수 있나요

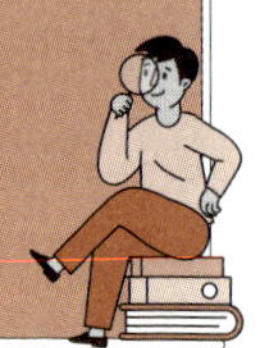

부모

아이 말더듬이 심해서 빨리 치료를 시작하고 싶어요. 꼭 평가를 받아야 하나요?

언어치료사

아이의 말더듬을 더 빨리 돕고 싶어서 바로 치료에 들어가기를 원하실 수 있어요. 어떤 부모님은 필요하지 않은 부분까지 평가한다고 생각하시거나 평가하느라 비용이 더 많이 들어간다고 생각하셔서 평가 없이 치료에 바로 들어가기를 원하실 수 있어요.

평가에서 말더듬과 관련된 사항들을 최대한 많이 그리고 자세히 파악하고 치료를 시작한다면 치료 방향이 더 명확해져서 장기적으로 치료 효과도 높이고 치료 기간도 단축할 수 있어요. 물론, 1회의 평가로 모든 것을 다 확인할 수는 없어요. 하지만 최대한 많이 확인하려고 해요.

평가를 진행하지 않고 치료를 시작할 수 있다고 말하는 치료사가 있다면 오히려 경계해야 해요. 말더듬에 영향을 미치는 요인들에 대한 이해가 부족한 것으로 여겨지기 때문이에요.

28 말더듬을 인식하면 치료하기 어렵다고 하던데요

👥 부모

사실 말더듬 평가를 받는 것도 걱정이에요. 평가를 통해서 아이가 말더듬을 인식하게 될까 봐요. 아이가 자신의 말더듬을 인식하면 치료하기 어렵다고 들었어요. 아이에게 말더듬을 인식시키지 않으려고 저도 아이에게 말더듬에 대해 말하지 않고 있어요.

👩 언어치료사

인터넷이나 주변 사람들을 통해 아이가 말더듬을 인식하면 치료가 어렵다는 말을 듣고 아이가 말더듬을 인식하지 않게 되기를 바라시며 조심하고 계시네요. 그런데 잘못 알려진 부분이 있어서 매우 안타까워요. '인지한다' 또는 '인식한다'는 것은 무언가를 알아 간다는 거예요. 아이가 성장하면서 인지가 발달하면 아이 스스로 자신을 모니터링하는 능력이 생겨요. 이것은 매우 자연스러운 과정이죠. 주변 사람들이 아이에게 말더듬에 대해 언급하지 않더라도 아이는 자연스럽게 말의 불편함을 인식할 수 있어요. 이것을 어떻게 막을 수 있을까요?

아이가 자신의 말더듬을 인식했는지 어떻게 알 수 있을까요?

아이가 말더듬을 알아챘을 때 하는 행동들이 있어요. 대표적인 행동으로 말을 더듬을 때 눈맞춤을 피하는 거예요. 탈출행동이나 회피행동 또한 말의 불편함을 알아채고 하는 행동이죠. 말의 불편함을 인식하지 못했다면 이 행동을 할 이유가 없으니까요. 어떤 아이는 특정 단어나 말소리에서 더 더듬기도 하는데 이 또한 말더듬을 인식한다는 증거예요. 아이가 특정 단어 또는 말소리에서 더듬는 경험을 여러 번 하게 되면 그 단어를 말할 때마다 또 더듬을까 봐 긴장하게 되고, 그 긴장감으로 더 많이 더듬어지면서 특정 단어나 말소리에 두려움을 가지게 돼요.

아이가 언제부터 자신의 말더듬을 인식할까요?

아이마다 차이가 있어요. 만 3세가 되기도 전에 말을 더듬을 때 힘을 주거나 더듬다가 멈추거나 다른 단어로 바꾸어 말하는 아이도 있고, 만 5세가 되어도 자신의 말더듬을 인식하지 못하는 아이도 있어요. 말더듬의 원인, 말더듬의 정도, 아이의 인지발달 수준, 아이의 민감성과 기대 수준, 주변 사람들의 말더듬에 대한 반응, 부모의 말더듬에 대한 인식 등이 영향을 미쳐요.

아이가 말더듬을 인식하면 정말 치료가 어려울까요?

그렇다고 말하기는 어려워요. 말더듬의 인식 여부는 치료법을 결정할 때, 말더듬의 만성화 가능성을 예측할 때 하나의 요인으로 포함되지만, 결정적인 요인이 아니에요. 단지 하나의 요인일 뿐이에요. 아이의 말더듬을 종합적으로 평가한 결과 아이에게 환경적으로 도움이 더 필요하면 더 간접적인 방식으로, 아이의 말하는 방식에 대해 직접적인 개입이 더 필요하면 더 직접적인 방식으로 접근하죠.

부모가 아이의 말의 어려움을 알아채 주지 않으면 아이는 어떠할까요?

아이가 경험하는 일상의 어려움들을 모두 알아채 주시는 부모님이 유독 말더듬만 알아채 주시지 않으면 아이는 말의 어려움에 대해 특별한 의미를 부여할 수 있어요. 제가 만난 아이는 '그렇게 말하면(더듬으면) 수술해야 해요.'라고 말했어요. 누구도 아이의 어려움을 알아주지 않으면 아이는 혼자 상상의 나래를 펴게 돼요. 부모가 알아채 주지 않으면 아이는 혼자 이 어려움을 해결하려고 더 많은 탈출행동과 회피행동을 할 수 있어요. 앞서 말씀드린 대로 말더듬은 아이에게 여러 감정을 느끼게 해요. 당황함, 놀라움, 두려움, 부끄러움, 좌절감, 수치심 등. 아이가 이러한 감정을 부모님과 함께 나눌 수 있게 해 주세요. 이러한 감정을 부모님과 함께 나누며 해소하게 도와주세요.

말더듬을 인식한 아이에게 부모는 어떻게 반응해야 할까요?

중요한 것은, 아이가 말더듬에 대해 부정적으로 인식하지 않도록 돕는 것이에요. 부모는 아이가 말더듬을 인식하면 치료가 더 어렵다는 말을 듣고 아이가 말더듬을 인식하지 않기를 바라며, 인식했다는 증거를 보고도 부정할 수 있어요. 부모가 아이의 말의 어려움을 알고 있다는 것을 아이에게 알리고 아이의 말하는 방식을 인정하고 어떤 방식으로 말하든 의사소통하려는 아이의 노력을 지지하고 격려하는 과정이 필요해요. 이를 통해 아이가 자신의 말더듬을 부정적으로 인식하지 않도록 도울 수 있어요. 아이가 자신의 말더듬을 모니터링할 수 있다면, 다른 아이들도 아이의 말더듬을 알아챌 수 있겠죠. 또래들의 반응에 우리 아이들이 당당하게 대처할 수 있게 아이와 함께 말에 관한 이야기를 나누어야 해요.

29 말더듬 치료는 어떻게 진행되나요

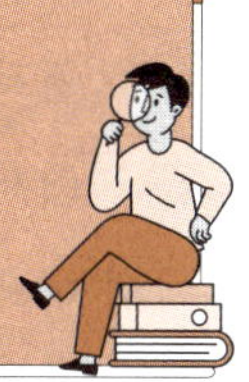

부모

말더듬 치료는 어떻게 진행되나요?

언어치료사

부모님이 저희에게 알려 주신 정보와 아이의 말과 언어에 대한 평가 결과를 종합하여 치료 방향을 결정해요. 부모 교육 및 상담, 상호작용치료, 치료사와 아이의 1:1 개별 치료, 정기 점검, 종결로 나누어 설명드릴게요.

- 부모 교육 및 상담 → 정기 점검 → 종결
- 부모 교육 및 상담 → 상호작용치료 → 정기 점검 → 종결
- 부모 교육 및 상담 → 상호작용치료 → 1:1 개별 치료 → 정기 점검 → 종결
- 부모 교육 및 상담 → 상호작용치료 + 1:1 개별 치료 → 정기 점검 → 종결
- 부모 교육 및 상담 + 상호작용치료 + 1:1 개별 치료 → 정기 점검 → 종결
- 부모 교육 및 상담 + 1:1 개별 치료 → 정기 점검 → 종결

부모 교육 및 상담

부모 교육에는 정상적 비유창성과 말더듬의 유형, 말더듬의 원인, 더듬는 아이를 도울 수 있는 방법 등이 포함돼요. 부모 교

육은 평가일 또는 평가 결과 보고일에 진행하지 않고 다른 날짜를 정해서 진행하는 것이 일반적이에요. 부모님이 평가 결과에 대해 이해하기 어렵거나 받아들이지 못할 때는 아이를 돕는 방법에 대해 들어도 기억하기 어렵기 때문에 교육 날짜를 따로 정해요. 이미 아이가 말더듬 치료를 받고 있어서 부모님이 아이의 말더듬에 대해 이해하고 있거나 아이를 돕는 방법들을 일부 적용하고 있을 때는 평가일 또는 평가 결과 보고일에 부모 교육을 진행하기도 해요.

상호작용치료

상호작용치료는 간접적인 치료 방법 중 하나예요. 환경적으로 아이의 말더듬에 영향을 미치는 요인들을 변화시켜서 아이의 말을 더 편안하게 만드는 거죠. 이때 아이는 부모님과 즐겁게 시간을 보낼 뿐 자기의 말을 변화시키기 위한 어떤 연습도 하지 않아요. 상호작용치료를 모든 아이에게 적용하지는 않아요. 평가 결과를 기반으로 의사소통을 위한 환경 개선이 아이의 말더듬을 변화시킬 수 있다고 판단되면 이 프로그램을 진행해요. 대표적으로 '페일린 부모-아동 상호작용치료프로그램'이 있어요.

치료사와 아이의 1:1 개별 치료

개별 치료는 더 간접적으로 또는 더 직접적으로 진행할 수 있어요. 더 직접적인 치료란 아이가 더 편안하게 말할 수 있도록 아이의 말에 직접 개입하는 것이에요. 말할 때 어느 정도의 힘을 주어야 하는지, 말속도는 어느 정도로 유지해야 말하기 편하고 대화 상대자에게 자신이 할 말을 모두 전달할 수 있는지 배우는 거죠. 치료사가 아이와 1:1로 치료를 진행할 때 무조건 직접치료만 하지는 않아요. 아이의 상황에 맞추어서 더 직접적인 치료가 필요하다면 더 직접적인 방법들을 적용하고, 더 간접적인 치료만으로도 효과가 있을 것으로 판단되면 더 간접적인 방법들을 적용해요.

정기 점검

말더듬은 재발의 가능성이 있으므로 상호작용치료든 1:1 개별치료든 점진적으로 줄여 가는 것이 중요해요. 상호작용치료프로그램은 정기 점검이 포함되어 있고 점진적으로 줄여 나가는 기간을 포함해서 1년 동안 진행돼요. 개별 치료도 치료 횟수를 점차 줄여 나가요. 주 2회 개별 치료를 진행했고, 의미 있는 변화가 있다면 주 1회로, 격주로, 월 1회로, 3개월 간격으로, 6개월 간격으로 치료를 줄여 나가요. 저희는 재발의 가능성을 최소화하기 위해 이 방식으로 진행하고 있어요.

종결

취학 전 아이의 말더듬 치료는 아이의 유창성과 부모의 관리 자신감, 이 두 가지 측면에서 변화가 나타났을 때 종결해요. 아이의 유창성은 또래만큼 유창한 수준으로, 약간의 긴장감이 있더라도 나아질 것으로 판단되면 종결할 수 있어요. 부모의 관리 자신감 또한 중요한 부분이에요. 부모는 아이가 더듬을 때 도울 수 있다는 확신이 있어야 해요. 그래서 저는 아이의 유창성이 안정적으로 유지되고 부모님이 "선생님, 제가 어떻게 도와야 하는지 알겠어요."라고 말할 때 종결해요.

간접치료를 해야 할까요? 직접치료를 해야 할까요?

아이가 어리다고 해서 모두 간접치료를 진행하는 것은 아니에요. 아이가 말더듬을 인식하고 근육의 긴장도가 높거나 말더듬이 만성화될 가능성이 높은 경우, 다른 장애를 동반한 경우 직접치료를 더 고려할 수 있다고 알려졌지만, 이것만이 전부는 아니에요. 평가를 통해 대화 상대자가 의사소통 방식을 변화시켰을 때 아이가 더 편안하게 말하고 부모가 아이의 일상생활이나 아이의 언어, 신체, 정서 측면에서 나타나는 발달의 불균형을 도울 수 있다고 판단되면 간접치료를 적용해요.

아이의 말더듬이 심한 경우 아이를 빨리 돕고 싶은 마음에 또는 부모가 해야 할 것이 많은 간접치료 방법에 대한 부담감으로 직접치료를 먼저 진행하기를 원하는 부모님도 있어요. 그러나 직접치료 방법이 아이의 말더듬을 더 빨리 개선할 수 있다고 말하기는 어려워요. 예를 들어, 환경적 영향을 더 많이 받는 아이는 부모님의 도움이 더 많이 필요하기 때문에 평가 결과를 기반으로 아이에게 맞는 치료 방법을 적용해야 해요.

어린 말더듬 아이의 직접치료에 대해 염려하시는 부모님을 가끔 만나요. 만약 아이가 말더듬을 인식하면 치료가 어렵다는 생각 때문이라면 걱정하지 마세요. 말더듬을 인식시키는 것은 직접치료의 목표가 아니에요. 아이가 편안하게 말하는 방식을 알게 하고 그 방식을 사용하게 하는 것이 직접치료의 목표예요. 또한, 부모님이 다른 일들로 스트레스를 많이 받고 있거나 자신의 의사소통 방식을 변화시키는 것에 대해 부담감을 느낄 때 직접치료를 원할 수 있어요. 이런 경우 직접치료를 먼저 진행할 수 있지만, 아이가 환경적인 영향을 더 많이 받는 아이라면 직접치료의 효과도 제한적일 수 있어요. 부모님이 바로 도움을 주시기 어려운 경우, 직접치료를 우선 진행하면서 부모님이 환경을 하나씩 변화시킬 수 있게 치료를 진행할 수 있어요.

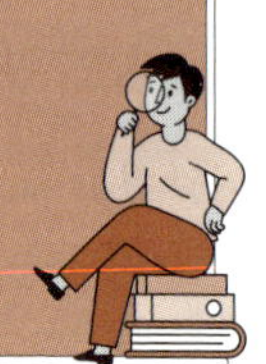

30 간접치료는 어떻게 진행되나요

간접치료는 어떻게 하는 건가요?

언어치료사

간접치료는 아이의 건강한 의사소통 태도를 발달시키고 유창성을 증가시키며, 말더듬에 대한 부모님의 관리 자신감을 증가시키는 것이 목표예요.

간접치료 프로그램은 보통 5~6주 정도 주 1회씩, 1회에 1시간 정도 진행돼요. 매 회기에 언어치료사와 부모가 한 주 지낸 이야기와 연습한 내용, 아이의 변화에 대해 이야기를 나누어요. 그다음 아이가 입실하고 부모와 아이의 1:1 놀이를 진행해요. 놀이는 준비시간을 포함해서 5~7분 정도 진행해요. 이때 언어치료사는 놀이를 촬영해요. 놀이가 끝나면 아이를 내보내고 부모님과 치료사는 영상을 같이 보면서 아이의 말을 어떻게 도울 수 있는지 이야기를 나누어요. 그 과정에서 아이를 도울 수 있는 방법을 찾고 부모님은 그 방법을 집에서 연습해요. 보통 하루 5분씩 1회, 일주일에 5회 정도 연습해야 효과가 있어요.

부모의 말연습 목표는 보통 일주일에 한 가지로, 의도를 가지고 이 목표를 5분 동안 집중적으로 연습하는 것이 중요해요. 부모님이 아이를 너무 돕고 싶어서 여러 가지 말 목표를 한꺼번에 연습하고 싶어 할 때가 있는데, 제 경험으로 볼 때 연습이 제대로 되지 않을 때가 더 많아요. 부모님이 30~40년을 사용한 의사소통 패턴을 변화시키는 것은 쉬운 일이 아니거든요. 일주일에 한 가지의 말연습 목표로도 충분해요. 한 가지 목표에 대한 말연습이 충분히 다져지면 다음 목표를 진행해도 안정적으로 연습이 되거든요. 아이를 도울 수 있는 방법들은 서로 연결되어 있어서 5~6주 동안 서너 가지의 연습만 진행해도 여섯에서 일곱 가지의 의사소통 방식이 변화된 것을 발견할 수 있어요.

부모님이 집에서 연습할 때는 먼저 아이가 좋아하는 놀잇감을 정해요. 부모님이 연습을 시작하겠다고 마음먹은 시간부터 5분을 진행하는 거예요. 5분이 되면 부모님은 놀이를 잠시 멈추고 언어치료사가 배부한 연습 기록지에 연습 내용을 적은 후 다시 놀이에 참여해요. 다른 자녀가 있다면 그 자녀와도 동일한 연습을 진행해요. 그렇게 하지 않으면 다른 형제자매들이 더듬는 아이를 시샘하는 일이 생겨요.

부모님이 한 주 동안 집에서 작성한 기록지를 가지고 치료실에 방문하시면 언어치료사는 부모님의 연습 내용을 먼저 확인하고 부모님과 같이 이야기를 나누어요. 이후 부모님과 아이와의 놀이를 진행하고, 촬영한 놀이를 부모님과 같이 보면서 다음 연습 목표를 정해요. 이렇게 5~6회를 진행한 후 그다음 6주는 통화로 연습을 확인해요. 부모님이 기록지를 사진으로 찍어서 치료사에게 문자로 보내 주면 치료사는 이를 확인하고 부모님에게 전화해요. 이후 언어치료사가 아이의 말더듬을 재평가하고 부모님의 관리 자신감을 확인한 후 앞으로의 치료 방향에 대해 상의하는 시간을 가져요.

이 연습 과정이 아이에게 도움이 된다면 다음 그림처럼 유창한 상황이 늘어나고 비유창한 상황은 줄어들어요.

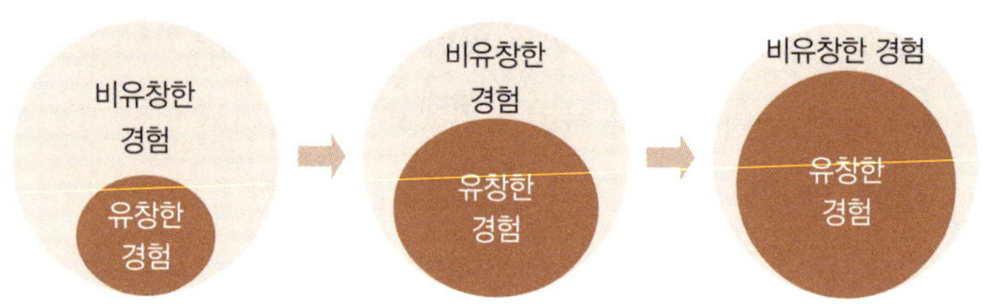

언어치료사는 부모님과 함께 아이의 유창성을 촉진하는 요인을 찾고 그 상황을 의도적으로 더 많이 만들어서 유창성을 증진시켜요. 증진된 유창성을 최대한 오래 유지하는 것이 중요해요. 또한 말더듬을 심하게 하는 요인을 찾아서 조정해요. 물론 모든 요인을 찾지는 못하지만 찾을 수 있는 요인들을 최대한 많이 찾아서

A: 말더듬이 심해지는 시기로, 아이가 이 경험을 더 짧게 하게 돕기
B: 말더듬이 약해지는 시기로, 아이가 이 경험을 더 길게 하게 돕기

조정해요. 그러면 앞의 그림처럼 말더듬 정도는 점점 약해지면서 지속시간이 짧아지고 유창한 시간은 더 길어져요.

아이의 유창함이 유지되다가 다시 말더듬이 나타나면 부모님은 매우 속상하고 실망스러우실 거예요. 이제까지 한 모든 노력이 도움이 되지 않는 것처럼 느껴지기도 하실 거예요. 저희가 최선을 다해서 돕더라도 말더듬은 변이성이라는 특성 때문에 다시 심해질 수 있어요. 이때 꼭 기억하셔야 할 것은 말더듬이 심해진 시기는 말더듬을 관리할 수 있는 부모님의 연습 기회라는 거예요. 매우 매우 중요한 기회이죠. 아이의 말더듬이 심해졌다고 부모님이 좌절한 상태로 이 시기를 보내시면 중요한 기회를 잃어버리게 돼요. 부모님은 아이의 말더듬이 다시 심해졌을 때 매우 속상하고 마음이 아프시겠지만 무엇이 아이의 유창성을 돕는지 떠올리시고 아이가 말더듬 상황을 최소로 경험하게 도와주세요.

유창한 상황이 지속되면 부모님은 아이의 말더듬에 대한 걱정을 내려 놓으면서 말연습을 잊기도 해요. 부모님은 익숙한 이전의 의사소통 방식으로 되돌아가게 되고, 아이가 편안하게 말하는 상황을 제공하지 못할 수 있어요. 부모님은 말더듬의 변이를 기억하시고 유창성이 최대한 유지되도록 배운 방법들을 계속 적용해 주세요.

직접치료는 어떻게 진행되나요

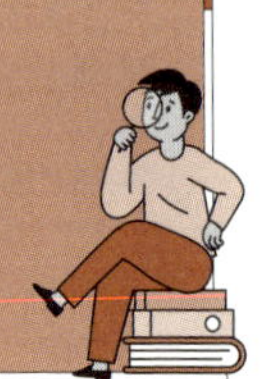

👥 부모

직접치료는 어떻게 하는 건가요?

🗣 언어치료사

직접치료는 언어치료사와 아이의 1:1 개별 치료를 통해 진행돼요. 직접치료라고 해서 모든 것을 직접적으로 다루지는 않아요. 아이의 나이, 인지발달 수준, 말더듬에 대한 인식 정도, 참여도 등에 따라 덜 직접적인 치료에서 더 직접적인 치료까지 상황에 맞게 적용해요. 적용 순서도 아이의 반응이나 수행에 따라 달라져요.

부모님이 아이의 말더듬을 직접 돕는 치료 방법도 있지만, 여기에서는 언어치료사가 만 3~7세 아이의 말더듬을 직접 치료할 때 적용하는 기본적인 방법들을 소개할게요.

😊 말 또는 말더듬에 관해 이야기 나누기

아이에게 저를 말선생님이라고 소개하고 말놀이를 할 거라고 알려요. 그리고 아이가 편안하게 하는 말을 찾아서 강화하고 아이가 더듬을 때 느끼는 감정을 알아채 줘요. 아이가 말더듬을 전혀 인식하지 못한다면 저를 놀이 선생님이라고 소개하고 재미있게 놀이를 진행하면서 아이의 유창한 말을 강화하기도 해요.

언어 형성과 말 산출 기관에 대해 이해하기

보통 4~5세 정도면 말 산출기관 중 입술, 혀, 턱, 성대(목소리 상자), 폐(숨주머니)를 이해할 수 있어요. 저는 '우리의 말도우미를 찾아보자.'라고 말하면서 입술, 혀, 턱의 움직임을 과장되게 보여 주고 아이가 찾게 해요. 아이에게 손으로 자기 목을 감싸게 한 후 '아' 소리를 내게 해서 목 안에 목소리 상자가 있다는 것을 알려요. 숨을 들이쉬고 내쉬는 모습을 보여 주거나 아이의 손에 숨을 내쉬어 바람을 느끼게 해서 가슴 안에 숨주머니가 있다는 것을 알려요. 그리고 이것을 그림으로 그려요. 아이가 사람 그림을 그릴 수 있다면 스스로 그리게 하고, 아이가 어리다면 얼굴과 상반신의 윤곽을 그려 주고 아이가 그 안에 신체 부위를 그리게 해요. 그다음 말도우미에 아이가 좋아하는 색깔을 칠하고, 그 역

할에 관해 이야기를 나누어요.

5~7세 정도의 아이는 뇌에 대해 이해할 수 있어서 언어 형성 과정에 대해서도 이야기를 나누어요. 이 연령대는 어린이집이나 유치원에서 신체 기관에 대해 배우기 때문에 뇌에 대해 이미 알고 있어요. 종이에 말도우미들을 그린 다음 뇌와 폐, 성대, 입술, 혀, 턱이 하는 일에 관해 이야기를 나누어요.

다양한 방식으로 말하기

더듬는 아이는 '느리게' 또는 '천천히' 말하라는 말을 자주 듣게 돼요. 말하는 방식이 그것만 있는 것처럼요. 말하는 방식을 자기가 선택하는 것과 '느리게'만 말해야 하는 것은 달라요. 아이는 어떤 방식이든 선택해서 말할 수 있어야 해요. 저는 이것을 '말효능감'이라고 표현해요. 아이와 함께 다양한 말하기 방식을 찾아보고 아이가 자신이 원하는 방식으로 말할 수 있다는 것을 알게 해요.

말하기 방식은 동물 비유를 사용해요. 고릴라말, 호랑이말, 사자말, 양말, 나비말, 토끼말, 치타말, 말말, 거북이말, 달팽이말, 나무늘보말 같이 동물로 말 이름을 정해요. 음성 크기나 운율, 말속도, 긴장도를 조절해서 그 동물처럼 말해요. 개구쟁이들은 방구말, 설사말, 뱀파이어말 같은 방식으로 말하기를 원하기도 해요. 어떤 이름이든 그 이름에 걸맞은 방식을 찾아서 말해 보죠.

아이의 주변에서 말하기 방식에 걸맞은 사물을 찾기도 해요. 예를 들어, '가장 부드러운 것'으로 이불, 곰인형, 솜사탕, 깃털, 나비 같은 것을 말하기도 해요. 보거나 만질 수 있는 사물들로 말하기 방식에 이름을 붙이면 아이는 어떻게 말해야 하는지 더 구체적으로 알 수 있어요.

이 활동 다음에는 통통튀거나 덜컹거리는 말을 넣어요. 아이가 보이는 말더듬 형태와 비슷한 말하기 방식을 만드는 거예요. 예를 들어, '서서서서선생님'처럼 반복하는 말은 통통튀는 말로 이름을 붙여요. 다른 방식과 마찬가지로 놀이처럼 그 방식으로 말해요. 부모님은 이런 활동이 말더듬을 가중시키거나 아이에게 말더듬을 인식시킬까 봐 걱정할 수 있어요. 이 활동은 아이가 자기가 원하면 어떤 방식이든, 심지어 더듬는 말도 내가 선택할 수 있고, 말하는 방식을 언제든지 바꿀 수 있다는 인식을 가지게 해서 말더듬에 대한 긴장도를 낮추는 데 도움이 되니 걱정하지 않으셔도 돼요. 여러 가지 방식으로 말해본 다음 어떤 방식으로 말해야 더 편안하게 말하고 들을 수 있는지 그리고 자기와 어떤 말하기 방식이 어울리는지 이야기를 나누어요. 이 과정을 통해 아이는 자신이 말하는 방식을 선택할 수 있고 그 방식으로 말할 수 있다는 인식을 가지게 돼요.

유창한 말 알아 가기

아이가 모든 말을 더듬는 것은 아니에요. 아이의 말에 편안한 말이 있어요. 저는 아이가 편안하게 말하면 그 순간을 놓치지 않고 강화해요. 예를 들어, 아이가 부드럽게 말하면 '와~ 솜사탕처럼 부드럽게 말했어.'라고 칭찬하고, '이렇게 말하면 말이 편안하게 나오는구나.' 또는 '네가 솜사탕처럼 말해 주니 선생님 귀가 너무 편안하게 들었어.'라고 알려 줘요. 아이도 편안하게 말할 수 있고 듣는 사람도 편안하게 들을 수 있다는 것을 알려 주는 거예요. 이후 제가 '나도 너처럼 솜사탕말 하고 싶은데 잘 안 되네.'라고 말하면 아이는 '나처럼 해야지.' 하면서 자기 말을 자랑하기도 해요. 유창한 말에 대한 강화를 통해 아이가 자연스럽게 부드러운 말을 더 자주 사용하게 할 수 있어요. 말속도를 늦추었을 때 편안하게 말하는 아이도 이와 같은 방식으로 구체적으로 강화해서 그 빈도를 높여요.

말 변화시키기

아이가 말에 대한 비유를 이해하면 이를 이용해서 말을 변화시켜요. 예를 들어, 고릴라말을 하다가 솜사탕말로 서서히 바꾸는 거죠. 저의 고릴라말을 아이가 솜사탕말로 바꾸어 줄 수도 있고, 아이가 자기의 고릴라말을 솜사탕말로 바꿀 수도 있어요.

좀 더 직접적으로 아이의 말을 변화시켜야 할 때 아이가 가장 편안하게 말할 수 있는 말의 길이와 말하는 상황, 말하기 방식을 조정해서 말연습을 진행해요. 아이는 상대적으로 짧은 말에서 더 편안하게 말하기 때문에 한 낱말부터 대화까지 말의 길이를 조절하고, 말하는 상황은 차분한 상황에서 서서히 흥분도를 높여 가며 연습을 진행해요. 말하기 방식은 느리고 부드러운 말에서 약간 느린 감이 있는 부드러운 말로 변화시켜요. 아이가 치료실에서 말연습 목표를 달성하면, 치료시간에 부모님을 초대해서 같이 연습하고 집에서도 이 연습을 진행하게 해요.

말속도와 긴장도에 대해 아이가 더 알아야 한다면 다음의 활동을 적용해요.

긴장도 조절하기 1

말랑한 볼풀공

- 손에 힘을 주지 않으면 공을 잡을 수 없음
- 손에 너무 세게 힘을 주면 볼풀공이 찌그러짐
- 손에 적당히, 중간 정도의 힘을 주면 볼풀공을 가지고 놀 수 있음

긴장도 조절하기 2

물이 든 종이컵

- 손에 힘을 주지 않으면 종이컵을 들 수 없음
- 손에 너무 세게 힘을 주면 종이컵이 구겨지면서 물이 흘러넘쳐서 마시기 어려움
- 손에 적당히, 중간 정도의 힘을 주면 종이컵을 들어서 물을 마실 수 있음

날아가는 비행기

- 팔과 손에 힘을 주지 않으면 종이비행기를 날릴 수 없음
- 팔과 손에 너무 세게 힘을 주면 종이비행기가 바닥에 내동댕이쳐짐
- 팔과 손에 적당히, 중간 정도의 힘을 주면 바람을 타고 유유히 날아감
  (바람을 호흡으로 비유해서 설명할 수 있음)

서서히 시작하기

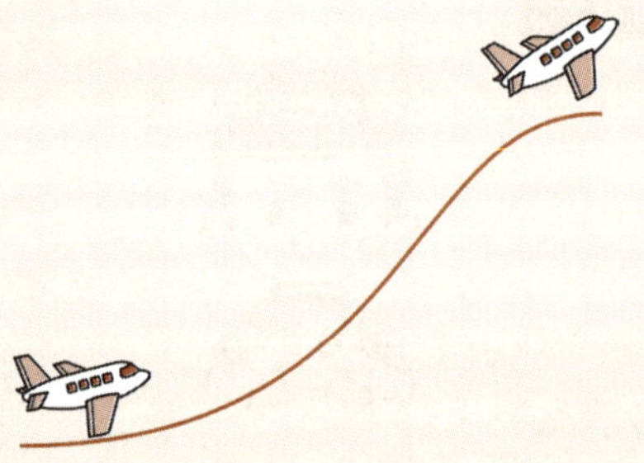

이륙하는 비행기

- 비행기는 수직으로 이륙하지 않음
- 비행기는 서서히 고도를 올리며 이륙함

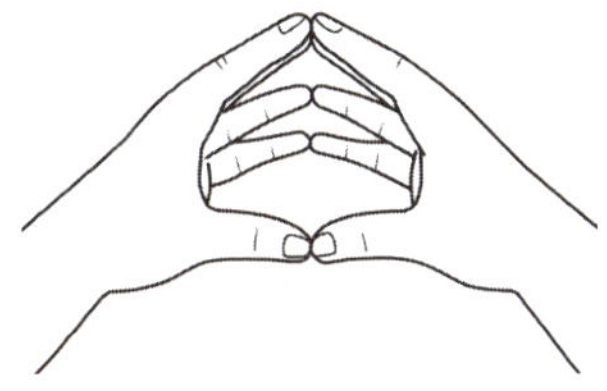

양손의 손가락 부딪치기

- 양손의 손가락을 빠르게 움직이면 한 번에 손가락 끝을 정확히 맞대기 어려움
- 양손의 손가락을 너무 느리게 움직이면 손가락 끝을 정확히 맞댈 수 있지만 시간이 너무 오래 걸림
- 양손의 손가락을 적당히, 중간 정도의 빠르기로 움직이면 양손의 손가락 끝을 효과적으로 맞닿게 할 수 있음

사거리에서 자전거 타는 아이

- 빠른 속도로 우회전하면 속도를 조절하지 못해서 건너편 건물에 부딪힘
- 느릿한 속도로 우회전하면 안전하게 원하는 방향으로 갈 수 있음

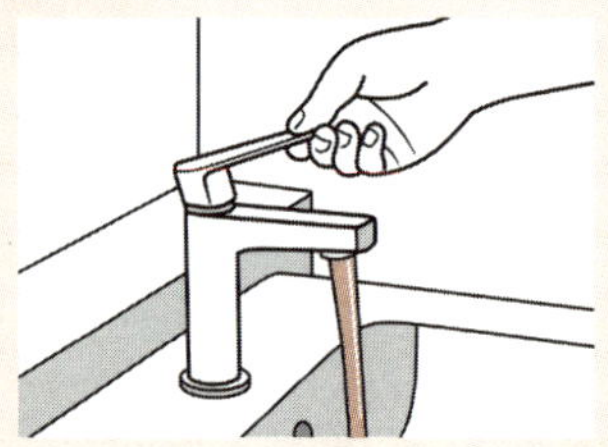

수전 손잡이 올리기

- 손에 힘을 주지 않으면 손잡이를 올릴 수 없음
- 손으로 손잡이를 힘주어 빠르게 올리면 물이 세차게 흘러나와서 밖으로 튐
- 손에 적당한 힘을 주고 적당한 빠르기로 올리면 원하는 만큼 물을 조절해서 쓸 수 있음

안전하게 운행하는 버스

- 버스가 버스 정류장에서 완전히 멈추지 않은 채 사람을 태우면 사람이 다칠 수 있음
- 버스가 버스 정류장에 완전히 멈춘 후 사람을 태우면 안전하게 태울 수 있음

  (경주용 자동차는 중간에 멈추지 않고 빠르게 달리는 차이고, 버스는 사람을 안전하게 이동시키는 차임을 알림)

또래의 반응에 대처하기

말더듬에 대해 또래들이 물어보거나 흉내낼 때 아이가 직접 대처할 수 있게 해야 해요. 어리거나 말더듬을 인식하지 않거나 또래의 부정적인 반응을 경험하지 않은 아이에게는 제가 통통튀는 말을 들려준 다음에 '통통튀게 말할 수도 있지.' '가끔 이렇게 말이 나올 때가 있어.'라는 말로 말더듬에 관해 설명해요. 이러한 설명은 아이가 말더듬이 큰 문제가 아니라는 인식을 가지게 해요.

또래의 부정적인 반응을 경험한 아이라면 이러한 상황을 슬기롭게 대처한 형이나 언니의 이야기를 들려줘요. 이때 형이나 언니는 아이와 동일한 성을 가진 한 살 정도 많은 인물이어야 아이도 편하게 받아들일 수 있어요. 저는 '선생님이 목요일에 만나는 형이 있는데, 그 형이 가끔 통통튀는 말을 하거든. 어느 날 그 형의 친구가 그 형에게 왜 그렇게 말하는지 물어봤대. 그런데 그 통통튀는 말을 하는 형이 뭐라고 대답했는지 알아? 선생님이 그 대답을 듣고 깜짝 놀랐잖아.'라는 말로 아이의 호기심을 자극해요. 보통 이렇게 말하면 아이는 '뭐라고 했는데요?'라고 저에게 물어요. 그러면 저는 '그 형 친구들이 왜 그렇게 말해라고 물었을 때 그 형이 나 가끔 그럴 때 있다고 대답했대. 그리고 같이 놀았다는데.'라고 들려줘요. 이후 다음 치료 시간에 다른 대처 방법이 포함된 이야기를 한두 가지 정도 더 들려줘요. 더듬는 아이는 이 이야기를 기억하고 있다가 또래들이 자기의 말에 관해 물어보면 비슷하게 대답할 수 있어요.

또래들은 자신과 다르게 말하는 아이의 말더듬이 궁금해서 물어볼 때가 많아요. 더듬는 아이가 또래들의 질문을 피하기 시작하면 이 반응을 즐기는 짓궂은 또래가 아이를 계속 귀찮게 할 수 있고 이는 놀림이나 괴롭힘으로 연결될 수 있어요. 아이가 또래들의 질문에 피하지 않고 대답할 수 있어야 하고, 또래의 짓궂은 놀림에도 대처할 수 있어야 해요. 대처하는 방식은 또래와 싸움을 일으키는 않는 방식으로, 또래의 놀림을 무력화시키는 것이어야 해요. 어른이 아이에게 알려 주는 대처의 말은 주로 '하지 마.'인데 생각보다 효과가 없어요. 아이가 자기의 말에 대해 당당하게 표현할 수 있게 도와주세요.

[또래 반응의 예]

- 왜 그렇게 말해?
- 왜 더듬어?
- 왜 똑같은 말을 여러 번 해?
- 왜 '이이이'이렇게 말해?
- 왜 내 이름을 '보보보보미'라고 불러?

[더듬는 아이의 대처 방법의 예]

- 그래서?
- 난 괜찮아.
- 가끔 말이 막혀.
- 가끔 그럴 때가 있어.
- 우리 엄마가 그러는데 그럴 수 있대.
- 그래서 나 말학원 다녀.

- 걱정해 줘서 고마워.
- '이이이' 이거 아닌데 '이-이-이' 이건데. (자신의 말더듬을 보여 줌)
- 오~ 똑같이 따라 했어. 백 점이야.

아이가 저에게 더듬는 형과 언니의 이야기를 들었는데도 또래들의 반응에 대처하기 어렵다면 역할극을 진행해요. 우선 말더듬에 대한 또래들의 반응을 확인하고 아이가 느꼈을 감정에 충분히 공감한 후 효과적인 대처방법을 찾아요. 이때 두세 가지의 대처 방법을 역할극을 통해 반복적으로 연습해요. 처음에는 단순히 그 말을 입에 붙이는 정도로 연습하고 점차 실제 상황과 비슷하게 연습해서 아이가 그 상황에 둔해지게 해요. 이후 저와 아이는 또래들이 말더듬에 관해 물어볼 때를 기다려요. 그 상황이 벌어지기를 기다릴 정도라면 그 상황에 대한 아이의 두려움은 낮아진 상태겠죠. 그래야 아이가 더 잘 대처할 수 있어요.

이에 대해 부모님이 직접 도울 수 있는 방법은 '제4부 48. 아이가 주위의 부정적인 반응에 대처하게 해 주세요'에 있어요.

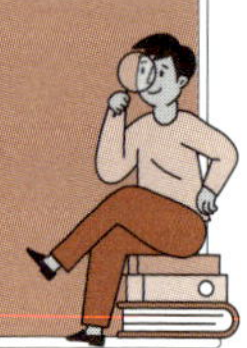

👫 부모

아이가 가진 언어능력에 비해 말을 너무 짧게 한다고 언어치료사가 그랬어요. 치료를 받으면서 아이의 말이 많아지고 길어졌는데, 문제는 너무 더듬네요. 어느 때는 아이가 말을 좀 멈췄으면 하는 생각도 들어요.

🗣 언어치료사

부모님의 말씀에 따르면, 아이는 이전에 회피전략을 사용했던 것으로 보여요. 더듬는 아이들은 다양한 회피전략을 사용하는데, 그중 하나는 말의 길이를 짧게 사용하는 거예요. 그러면 상대적으로 덜 막히기 때문에 아이들이 자주 사용하는 전략 중 하나예요. 그런데 지금 아이는 더듬지만 충분히 자신의 의견을 말하고 있어요.

말더듬을 치료할 때 아이의 유창성 증진도 중요한 목표이지만, 더 중요한 목표는 아이가 건강한 의사소통 태도를 갖는 거예요. 어디에서든 어떤 사람에게든 자기가 하고 싶은 말을 다 하도록 돕는 것이지요. 이것은 말더듬의 감소보다 더 크고 더 중요한 목표예요. 지금 아이가 더듬더라도 회피전략을 쓰지 않고 건강한 의사소통 태도를 발달시켜 나가는 중이니 더 격려하고 지지

해 주세요.

　아이의 언어가 폭발적으로 발달하는 기간에는 저희가 최선을 다해서 돕더라도 말더듬이 계속 나타날 수 있어요. 아이가 새로 배운 어휘를 넣어서 더 긴 문장을 만들고, 경험한 것을 시간 순서 또는 인과 관계에 맞게 말하는 데 많은 에너지를 사용하기 때문에 유창성에는 에너지를 사용하기 어려워요. 이때 저희는 아이의 언어가 충분히 발달하게 하면서 말더듬이 더 심해지지 않게 도와야 해요.

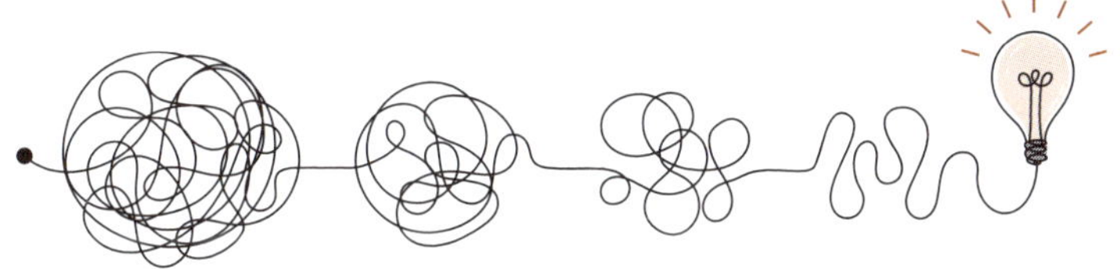

33 치료실에서는 유창한데 집에서는 계속 더듬어요

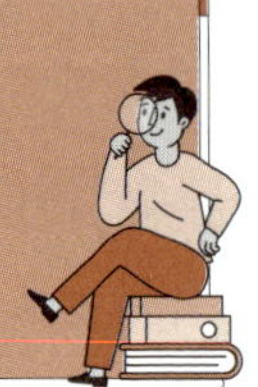

👥 부모

아이가 치료실에서 말연습하는 장면을 선생님이 촬영해서 보여 줬는데 거의 더듬지 않았어요. 그런데 집에서는 심하게 더듬어요.

🗣 언어치료사

치료실에서 연습된 유창함이 가정, 어린이집이나 유치원으로 옮겨지는 것을 '전이'라고 해요. 치료실 내에서 유창해졌는데 가정이나 다른 상황으로 유창성이 옮겨 가는 속도가 느리거나 옮겨지지 않는다면 전이를 돕는 과정을 진행해야 해요. 부모님이나 낯선 손님을 치료 시간에 초대하거나 아이가 부모님에게 자신의 말연습 과정을 설명하게 해요. 장소를 바꾸어 치료실 외부 공간에서 말연습을 하기도 해요. 이때는 치료실 외부 계단부터 시작해서 점점 낯선 장소로 이동하는데 사람이 적은 장소부터 사람이 많은 장소까지 순서를 정해서 연습해요. 또한 짝이나 그룹 수업을 하기도 해요. 또래와의 수업을 통해 유창함이 어린이집이나 유치원으로 더 잘 전이되게 도와요.

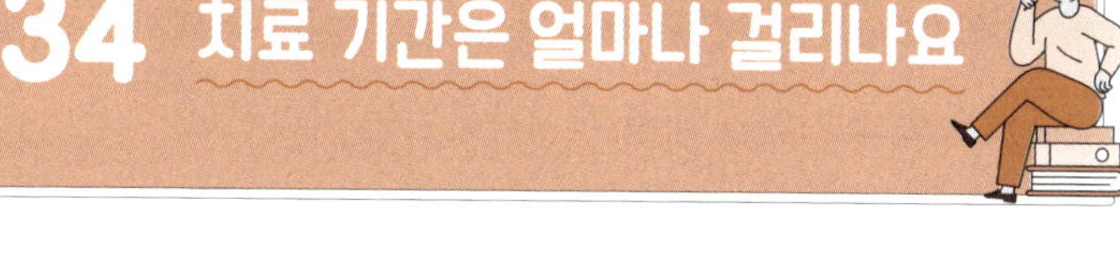

부모

말더듬이 빨리 사라지면 좋겠어요. 어느 정도 치료를 받아야 사라질까요?

언어치료사

아이가 말더듬으로 힘들어할 때 부모님은 마법처럼 '지금 바로' 말더듬이 사라지기를 간절히 바라실 거예요. 그 마음을 알고 있기에 저도 치료 기간에 대해 확실하게 답변을 드리고 싶지만 그럴 수 없어요. 치료 기간은 아이마다 다르거든요.

예를 들어 볼게요. A라는 아이가 있어요. 이 아이의 부모님은 아이의 말더듬을 돕는 방법을 일상에 적용하여 아이의 의사소통 환경에 변화를 주었고 유창성이 빠르게 회복되었어요. 이 아이의 말더듬에는 다른 요인보다 환경적 요인이 미치는 영향이 컸을 가능성이 높죠. B라는 아이가 있어요. 이 아이의 부모님 또한 아이의 말더듬을 돕는 방법을 일상에 적용하고 아이에게 간접치료와 직접치료까지 적용했음에도 유창성의 회복 속도가 느렸어요. 이 아이는 신체적, 언어적, 심리적, 환경적 요인들이 모두 상호작용하여 더 크게 영향을 받고 있거나 말더듬의 지속 가능성이 높은 아이일 수 있어요. 그래서 저희는 평가 과정에서 부모님이 제공한 정보와 평가 결과를 기반으로 말더듬의 지속 가능성을 살펴보고 치료 기간을 예측해 봐요. 하지만 현재까지 진행된 연구만으로 그 기간을 정확히 예측하기는 어려워요.

말더듬 치료를 진행하다 보면 치료 기간이 더 필요한 아이를 알 수 있는데요. 어떤 아이는 치료를 받으면 가정, 어린이집이나 유치원에서 하는 말까지 비교적 빠르게 변화를 보이지만, 어떤 아이는 치료실 안에서도 말연습 시간이 오래 걸리고 다른 장소에서 하는 말에도 더딘 변화를 보여요. 후자의 아이는 치료 기간이 더 걸리는 아이예요.

말더듬이 지속될 가능성이 높거나 다른 상황으로 전이가 잘 이루어지지 않는 경우 부모님과 제가 최선을 다해서 돕더라도 시간이 더 걸릴 수 있어요. 저희는 인내심을 가지고 아이의 말더듬을 치료할 거예요. 부모님도 인내심을 가지고 도와주세요.

35 말더듬을 한 번도 안 나타나게 할 수는 없나요

👪 **부모**

치료를 받고 말더듬이 많이 줄었는데, 아직도 조금씩 들려요. 완전히 안 나타나게 할 수는 없나요?

🗣 **언어치료사**

치료 효과로 말더듬이 줄었는데, 조금씩 나타나는 말더듬도 나타나지 않았으면 하는 바람이 있으시죠? 하지만 모든 사람이 조금씩은 더듬어요. 저도 부모님도 가끔 말의 일부를 반복할 때가 있죠.

정상으로 보는 말더듬 정도는 0%가 아니라, 3% 미만(Kelman & Nicholas, 2020)이에요. 언어가 발달하는 시기에는 그 비율이 약간 더 높아질 수 있어요. 부모님이 약하게 나타나는 아이의 말더듬에 너무 신경을 쓰시면 아이는 자기 말이 이상하다는 것을 느끼고 그렇게 말하지 않으려고 노력하면서 긴장할 수 있어요. 이 긴장은 말을 더 불편하게 해요. 부모님은 아이의 말더듬에 신경을 쓰지 않으려고 노력하기보다 아이가 무슨 내용을 말하는지 집중해서 들어 주세요. 그러면 아이는 부모님이 듣고 있다는 것을 느끼고 안심하게 되고 긴장도가 낮아지면서 말도 더 편하게 할 수 있어요.

말더듬 빈도가 낮고 긴장감이 없는 가벼운 말더듬은 다른 사람들과의 의사소통을 방해하지 않아요. 말더듬이 Zero가 아니어도 충분히 원활하게 의사소통할 수 있다는 것을 기억해 주세요.

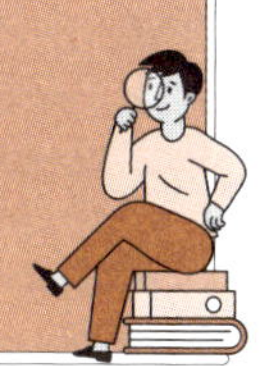

36 말더듬은 재발한다고 하던데요

부모

치료 후에도 다시 더듬을 수 있다고 하던데요. 완치가 안 되나요?

언어치료사

아이의 말더듬이 '완전히 치료' 되기를 바라시죠? 저희도 그렇게 되기를 바라지만, 말더듬은 재발할 가능성이 있어요. 그래서 저희는 재발할 가능성을 최소한으로 낮추기 위해 점진적으로 치료를 줄여 나가는 방법을 사용해요. 말더듬이 약해졌다고 해서 바로 치료를 멈추지 않아요. 이는 '뇌 가소성'으로 설명하는데요. 뇌는 경험을 통해서 계속 변화돼요. 유창한 경험이 이어지면 이 경험이 뇌에 새겨져서 다시 이전의 상태로 되돌아갈 가능성이 낮아지죠. 그래서 저희는 최소 1~2년 정도 유창함이 유지되는지 확인하고 있어요.

어린아이의 말더듬은 '관리'가 중요해요. 말더듬을 심하게 하는 요인을 부모님이 알아채고 조정할 수 있어요. 아이가 더 자라면 아이 스스로 자신의 말더듬을 조절하고 관리할 수 있게 치료를 진행해요.

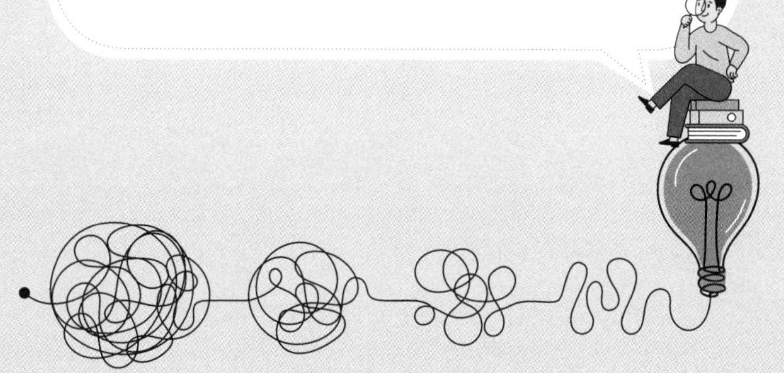

제4부

더듬는 아이를
돕는 방법

37 말의 불편함을 알아채 주세요

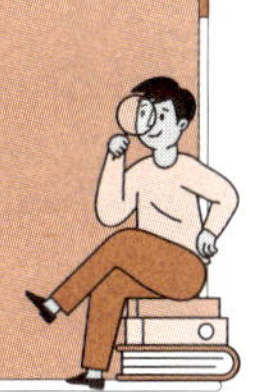

　아이가 더듬을 때 어떻게 반응 또는 대처하고 있는지 묻는 말에 다수의 부모님이 하신 말씀은 '모르는 척한다.'라는 것이에요. 이 대답은 참 고민스러워요. '말더듬에 대한 주변의 부정적인 반응이 말더듬을 더 심화시킬 수 있다.'는 내용이 말더듬에 대해 모르는 척해야 한다고 잘못 알려졌기 때문이에요. 제가 아이의 말의 어려움에 대해 부모님이 '아는 척해 주셔야 한다.'고 말하면 일부의 부모님은 방어적인 태도를 보이시거나 혼란스러움을 느끼세요. 잘못 알려진 정보의 그림자가 너무 커서 저도 답답하고 안타까워요.

　아이가 일상에서 어려움을 겪을 때 부모님은 어떻게 해 주시나요? 아이가 퍼즐을 맞추는데 잘되지 않아서 짜증을 내고 있거나, 신발에 발이 잘 들어가지 않아서 낑낑거리고 있거나, 자전거 타기를 배우고 있는데 형처럼 타지 못하겠다고 우는 아이에게 어떻게 반응하세요? 아이의 마음을 읽어 주거나, 지금은 어렵지만 더 크면 혼자 해낼 수 있다고 알려 주시거나, 이만큼 한 것도 자랑스럽다고 말씀해 주시겠지요? 그런데, 유독, 말더듬만! 아이가 불편함을 느끼고 있는데 부모님이 아무 말씀도 안 해 주시면 아이는 어떻게 받아들일까요? 아이는 자신만의 상상력으로 말더듬에 대해 특별한 의미를 부여할 수 있어요. 아이가 경험하는 일상의 어려움에 대해 알아주시는 것처럼 말의 어려움에 대해서도 알아주세요.

아이는 인지가 발달하면서 자연스럽게 자신의 말더듬을 인식하게 돼요. 이는 막을 수 없어요. 저희가 도울 수 있는 것은 말더듬을 부정적으로 인식하지 않게 하는 것이에요. 부정적인 인식은 긴장도를 높여서 말을 더 불편하게 해요. 이를 위해 부모님은 아이의 이해 수준을 고려해서 말더듬에 대해 터놓고 말씀하셔야 해요. '너 이이이이 이렇게 더듬잖아!'라는 말로 말더듬을 지적하라는 뜻이 아니에요. 말에 대한 아이의 어려움을 부모님이 알고 있고, 그런 어려움이 있더라도 할 말을 다 하는 것이 중요하다는 것을 알려 주세요. 더듬더라도 할 말을 다 하는 아이를 지지하고 격려해 주세요.

아이가 자신의 마음대로 말이 흘러나오지 않아서 답답함이나 불편함을 느끼는 것으로 생각되면 그 어려움에 공감해 주시고 그렇게 말이 나올 수 있다는 것을 알려 주세요. 다음의 예시를 참고하시되, 부모님의 평소 대화 스타일로 아이의 마음을 읽어 주세요.

말더듬에 대한 부모의 반응

- 지금 말이 좀 불편했네. 그럴 때가 있지.
- 지금 말이 술술 안 나왔네. 가끔은 그럴 수 있어. 너는 말을 배우는 중이니까.
- 말이 통통 튀었는데 끝까지 말을 다 했어!
- 말이 덜컹거렸네. 엄마는 네 말을 끝까지 듣고 있어.

• 아이코 지금 그 말이 덜컹거렸네. 너의 생각 주머니는 이렇게 큰데
  (손으로 크기를 표현하면서) 입은 하나 밖에 없어서 말이 불편하게
  나올 때가 있네.

'말더듬'이라는 단어를 아이에게 말해 줘도 되나요?

'아이에게 말더듬이라는 단어를 들려주지 않으려고 조심하고 있어요.' '아이에게 더듬는다고 말하면 말더듬을 인식시키기 때문에 말하면 안 된다고 하던데요.' '말더듬 대신 유창성이라고 표현해 주세요.' 제가 더듬는 아이의 부모님에게 들은 말들이에요. '말더듬'이라는 단어를 아이에게 들려주면 안 되는 걸까요?

대학원 강의 중에 제가 들은 이야기를 전해 드려요. 대학원생 중에 어린이집에 다니는 아이의 어머니가 있었는데 제 강의를 듣고 보니 자신의 아이가 가끔 말을 반복한다는 것을 알게 되었어요. 그날 저녁 아이가 말을 더듬는 것 같다는 이야기를 남편과 나누었대요. 그런데 그다음 날 어린이집 선생님에게 전화를 받았대요. 선생님이 아이 어머니에게 요즘 아이의 말에 어려움이 있는지 물어보았다고 해요. 아이의 어머니가 선생님에게 무슨 일인지 되물었더니, 그날 아침 아이가 등원하자마자 친구들에게 '애들아, 우리 엄마가 그러는데 나 말더듬는대.'라고 말했다고 해요. 이 아이에게 '말더듬'이라는 단어는 흥미진진한 단어였던 거예요.

부모님이 '말더듬'이라는 단어를 들려주지 않아도 아이는 어느 곳에서든 어떤 사람에게서든 이 단어를 듣게 될 거예요. 아이가

그 상황을 놀림으로 받아들이거나 부끄러운 일이라고 여기면 말더듬이라는 단어에 나쁜 힘이 생겨요. 아이가 부모님에게 말더듬에 관해 물어보면 아이가 이해할 수 있는 수준에서 대답해 주세요. 부모님이 자연스럽게 이 단어를 들려주거나 뜻을 알려 주어도 괜찮아요. 그냥 다른 단어들처럼 그 의미를 알려 주세요.

🌟 말더듬에 대해 터놓고 말할 타이밍을 잡기가 어려워요.

부모님이 아이의 말의 불편함에 대해 공감하는 말을 하려는데 아이가 바로 다음 말을 꺼내서 언급할 타이밍을 잡지 못하거나 아이가 다른 이야기를 하고 있는데 갑자기 말더듬에 관한 이야기를 꺼내면 대화의 흐름이 끊길까 봐 망설이게 될 때가 있어요. 그때는 '지금 말이 불편했구나.'처럼 짧게 언급하고 다시 대화에 참여하세요.

🌟 말더듬에 대해 터놓고 말하는데 아이가 들은 척을 하지 않아요.

아이가 부모님의 말을 들었는데 아무 반응을 하지 않을 수도 있어요. 그래도 괜찮아요. 부모님이 아이의 어려움을 알고 있다는 것을 알리는 것이 중요하니까요. 부모님이 이렇게 터놓고 말씀하시면 아이도 터놓고 말할 때가 올 거예요. 실제로 부모님의 언급을 아이가 들은 척하지 않았는데, 오래 지나지 않아서 자연스럽게 자기나 친구들의 말에 대해 부모님에게 이야기하는 상황을 경험하신 분들이 많아요.

얼마나 자주 터놓고 말해야 할까요?

횟수는 정해져 있지 않아요. 아이가 더듬을 때마다 매번 언급하지 않아도 돼요. 아이가 자신의 말더듬으로 당황했거나 말이 나오지 않아서 짜증이나 화를 내거나 한숨을 쉬면 그 마음을 읽어 주세요.

'괜찮다'라고 말해 줘도 되나요?

이 말은 고민이 돼요. 학령기 이후의 아이들은 자기 말이 괜찮다고 생각하지 않는데 부모님이 이런 말씀을 하면 형식적인 위로라고 생각할 수 있거든요. 아이의 다른 어려움을 알아채 주실 때 괜찮다는 말을 사용하신다면 그대로 사용하셔도 돼요.

아이가 말더듬을 인식하지 못했는데도 터놓고 말해야 하나요?

아이가 성장하면서 어느 순간 자신의 말더듬을 인식하게 될 거예요. 아이의 말이 편하게 나오지 않을 때 또는 아이가 당황함이나 이상함을 느낄 때 언급해 주세요.

말더듬에 대해 아이에게 말하기가 너무 어려워요.

평소 아이의 일상적인 어려움에 대해 말하기 어려워했던 부모님이거나 부모님 자신이 더듬거나, 더듬는 아이를 비난한 경험이 있거나, 그 외 여러 이유로 아이의 말더듬에 대해 말하기 어려울 수 있어요. 이런 경우 부모님이 말을 반복하게 될 때(의도를 가지고 반복하거나 자연스럽게 반복이 나타났을 때) 아이에게 자연스럽게 말해 주세요. '어, 엄마가 말을 두 번 했네.' '엄마 말이 덜컹거렸네.' 같은 표현을 해 주시는 거예요. 이런 말을 들은 아이는 자신의 말더듬에 대해 인식하게 되었을 때 어른도 그럴 수 있다고 생각하기 때문에 부정적인 영향을 덜 받아요.

만 3세 아이의 부모

- 처음으로 더듬는 상황에 대해 아이의 마음을 읽어 주었다. 아이가 '자동차가 올 수 있다니까.'라는 말의 뒷부분이 어려웠는지 더듬길래 '말이 어렵지.'하고 넘겼는데, 아이가 알아듣고는 다음 말로 자연스럽게 대화를 이어갔다.

만 4세 아이의 부모 1

- 내가 덜컹거리는 것을 보여 주었다. 아이와 이야기를 나누다가 의도하지 않았는데 내가 말이 꼬이면서 더듬게 되었다. 최대한 자연스럽게 혼잣말하듯이 "에구, 엄마가 말이 덜컹거렸네."라고 말하자, 아이가 슬쩍 쳐다 보았다. 그래서 "괜찮아, 누구나 말하다가 덜컹거릴 수 있어."라고 말하자, 아이는 한 번 쳐다본 후 다른 말이나 반응을 보이지 않았다. 그래서 나도 그냥 자연스럽게 다시 대화를 이어 나갔다.

만 4세 아이의 부모 2

- (자주 반복하는) '그그그'에 대해 아이가 나에게 '내가 긴장해서 그그그그랬어.'라고 몇 차례 이야기를 꺼내서 '엄마가 배웠는데 괜찮대.' '늘선생님이 괜찮대.' '엄마가 몰라서 그랬(지적했)는데 미안해.'라고

말해 주니 아이가 약간 놀라 했고 그 이후로 조금 편안해진 느낌이다. '그그그'를 반복하기는 해도 회피행동을 하지는 않는 것 같고 더듬는 횟수도 조금 준 것 같다. 아이의 마음이 조금 편해진 건가 싶었다.

부모와 아이의 놀이를 관찰해 보면, 상당히 많은 가족이 눈을 제대로 마주치지 않아요. 아이와 놀이를 진행하는데 부모님이 휴대폰을 자주 쳐다본다거나, 놀이 상황에만 시선을 두고 아이를 살피지 않는다거나, 부모님이 아이에게 장난감의 기능에 대해 알려 주기 위해 장난감을 급하게 살피면서 아이의 얼굴을 바라보지 않는다거나……. 여러 이유로 아이의 얼굴을 바라보지 않아요.

눈맞춤은 비언어적인 행동으로 의사소통에서 중요한 역할을 해요. 놀이하면서 아이와 눈을 맞추는 순간 서로 말을 하지 않아도 이 순간을 함께 공유한다는 것을 느낄 수 있어요. 저희가 말하는 눈맞춤은 눈만 바라보라는 의미가 아니에요. 아이가 지금 어디에 관심을 두고 있는지, 비언어적으로 어떤 메시지를 보내고 있는지 알려면 아이를 바라보아야 해요.

대화 상대자가 보이는 비언어적인 메시지를 알아채야 더 매끄럽게 대화를 진행할 수 있어요. 예를 들어, 상대가 이해를 못하는 것처럼 갸우뚱하는 표정이면 저희는 상대가 이해하지 못했다고 말하지 않더라도 부연 설명을 하게 되지요. 아이도 이 대화 규칙을 배워야 해요. 그래서 눈맞춤은 매우 중요해요.

특히 말더듬으로 막힘을 보이는 아이의 경우 눈맞춤은 더 중요해요. 막힘은 대화 상대자의 귀에 들리지 않기 때문에 아이의 얼굴을 바라보지 않으며 아이가 말을 시작한 것을 알지 못해요. 아이가 말더듬으로 막혀 있는 상태인 것을 모르고 부모님이 말을 시작하면 아이 말을 방해하는 상황이 되어 버려요. 이때 아이는 더듬더라도 말을 시작했는데 부모님이 끼어드니 더 급하게 말하려고 할 거예요. 그러면 아이의 말이 더 불편해질 수 있어요.

눈맞춤은 다음에 설명하게 될 아이의 주도 따르기와 말차례지키기, 그리고 말을 주고받을 때 잠깐의 쉼을 주는 방법에 도움이 되기 때문에 이 연습이 선행되어야 해요.

아이가 말을 시작하면 부모님은 바로 아이를 바라봐 주세요. 아이의 말을 옆모습도 뒷모습도 아닌 앞모습으로 들어 주세요. 부모님이 말씀하실 때는 아이가 부모님의 얼굴을 바라볼테니 부모님도 아이의 얼굴을 바라보셔야겠지요. 누가 말하든 대화가 오갈 때는 아이의 얼굴을 바라봐 주세요.

저는 아이를 바라보는데 아이가 저를 바라보지 않아요.

아이가 장난감을 탐색하고 놀이에 몰입해 있을 때 당연히 부모님을 바라보지 않아요. 탐색을 다 끝내고 부모님과 상호작용할 준비가 되면 더 편안하게 눈맞춤할 수 있으니 기다려 주세요. 만약 아이가 부모님을 거의 바라보지 않고 상호작용한다면 아이와 눈맞춤이 편안하게 될 수 있는 환경을 조성해 주세요. 아이의 의자 높이를 높이거나 부모가 상체를 낮추어서 아이가 고개를 살짝만 들어도 눈이 맞춰지게 해 주세요. 눈이 마주쳐질 때는 부모님이 상황에 맞는 표정을 보여 주시는 것이 중요해요. 신나는 상황일 때는 즐거워하는 표정을, 고민스러운 상황일 때는 진지한 표정을 보여 주시는 거예요. 아이가 부모님의 얼굴에 메시지가 있다는 것을 알게 되면 자연스럽게 더 자주 바라볼 거예요.

아이가 제 얼굴을 보지 않아요. 엄마를 보고 말하라고 알려 줘도 되나요?

눈맞춤 빈도를 높이려고 아이를 계속 바라보시는데, 아이는 부모님을 바라보지 않아서 말할 때는 사람의 눈을 보는 거라고 직접 알려 주고 싶으시죠? 말더듬을 돕기 위해서 아이가 순간적으로 처리해야 할 일을 줄여 줘야 한다는 것을 기억해 주세요. 엄마를 보고 말하라고 알려 주면, 아이는 지금 하는 일에 '엄마를 보는 일'까지 해야 하니 순간적으로 해야 할 일이 더 늘어나요. 그러면 언어 계획과 말 수행에 에너지를 충분히 사용하기 어려워요.

자연스럽게 눈맞춤을 유도할 수 있는 상황들이 있어요. 예를 들어, 신나는 상황이라면 손뼉을 치거나, 놀라는 상황이라면 '어!'하는 감탄사와 함께 잠시 멈춰 주세요. 또는 아이 이름을 부르고 잠시 기다려 보세요. 아이가 무슨 일이 생긴 줄 알고 부모님을 바라볼 거예요. 이때 상황에 맞는 표정을 보여 주시면서 눈을 맞추어 주세요. 장난감이 없는 상황에서 눈맞춤 빈도를 늘릴 수도 있어요. 아이를 무릎에 앉히고 이야기를 나누어 보세요. 다른 곳에 주의를 두지 않기 때문에 눈맞춤 빈도를 높이기 쉬워요. 이때, 부모님의 마음을 표현해 주세요. '너와 눈맞추고 말하니 엄마가 너무 기쁘다.'고요.

바쁠 때 아이가 말을 시키면 얼굴을 보고 대화하기가 어려워요.

바쁜 상황에서는 당연히 눈맞추기가 어렵죠. 아이의 말을 들어 주기 어려운 상황이라면 아이와 눈을 마주치고 이유를 말해 주세요. 바쁜 상황이 마무리되면 반드시 아이와 눈을 마주치고 아까 아이가 하지 못한 말에 대해 물어봐 주세요. 아이는 시간이 지나서 그 내용을 잊었을 수 있어요. 하지만 부모님이 이런 모습을 반복해서 보여 주신다면 아이는 시간이 지나더라도 부모님이 자기 말을 들어 줄 거라는 믿음을 가지게 돼요. 이 경험이 반복되면 아이는 부모님이 잠시 자기를 바라보지 않아도 듣고 있을 거라고 생각하게 돼요.

부모의 연습 기록지 엿보기

만 3세 아이의 부모 1

- 눈맞춤을 신경 쓰니 그동안 안 보였던 아이의 행동들이 보인다. 아이가 놀이 하면서 더 하고 싶어 하는 것들이 보인다.
- 내가 아이의 눈을 보려고 계속 노력하니 아이가 블록 놀이에 집중하다가도 한 번씩 고개를 들어 나와 눈을 마주친다.
- 아이가 가끔 엄마를 쳐다보며 얘기할 때 눈을 계속 보고 있다는 느낌을 주는 것 같아서 좋았다.

만 3세 아이의 부모 2

- 아이와 놀이하며 눈을 많이 맞추려고 노력했다. 처음에는 아이도 장난감을 보며 이야기했는데 눈이 마주치면 장난감을 보지 않고 엄마와 눈을 맞추고 이야기했다.

- 놀이하며 눈맞추는 시간이 늘어나고 아이의 표정이 밝아진다. 눈을 마주치면 밝은 표정으로 웃으면서 이야기한다.
- 컵 쌓기 놀이와 공룡 놀이를 함께 했는데 이전에는 컵이라는 장난감에만 집중해서 아이의 얼굴 표정을 관찰한 적이 없었다. 이번에 보니 아이가 컵을 쌓으며 집중하고 성취했을 때 표정 변화가 커서 그동안 놓친 아이의 모습이 많았을 것 같다고 생각했다.

만 4세 아이의 부모

- 내가 계속 아이를 보고 있으니 가끔 아이와 눈이 마주칠 때 내가 너에게 집중하고 있다는 느낌을 줄 수 있었던 것 같다.
- 눈맞추기는 익숙해졌다. 아이가 아빠 일찍 오라는 말을 요즘 자주 한다. 나도 기쁘고 좋다.

만 5세 아이의 부모

- 아이가 책을 가져와서 설명해 주는데 눈맞추며 반응해 주니 무척 좋아한다.
- 기다려 주고 눈을 맞추니 기뻐하는 아이의 모습이 너무 예뻐졌다.
- 눈을 맞추고 침묵하는 상황도 이제 점차 자연스러워짐.
- 아이도 저도 몸이 좋지 않아서 거실에 누워서 함께 대화했다. 장난치는 모습도 많이 나오고 편안하게 대화했다. 아이도 계속 눈을 맞추려 하고 어떤 주제든 흥분하지 않고 이야기하는 모습을 보였다.

만 6세 아이의 부모

- (아이가 자주 엄마의 얼굴을 손으로 돌리며 자기를 보라고 말함) 아이가 보고 있는 것에 대해 말하기와 눈맞춤 연습으로 아이의 보는 것에 대한 집착이 많이 줄어듦이 느껴진다. 할머니도 느끼셨다고 한다.

39 아이의 주도를 따라 주세요

　더듬는 아이를 돕는 방법은 여러 가지인데 그중 허브 역할을 하는 것이 '주도 따르기'예요. 부모님이 아이를 돕기 위한 방법들은 이 주도 따르기를 중심으로 연결되어 있어요. 가족이 외출할 때 아빠가 먼저 엘리베이터 버튼을 눌렀다고 울며불며 엘리베이터를 타지 않는 아이를 보신 적이 있으시죠? 이 시기가 바로 주도성이 발달하는 시기예요. 이러한 주도성은 아이의 일상 전반에 영향을 미쳐요. 말이라고 예외가 아니죠. 말 또한 아이가 스스로 계획해서 수행하는 것이므로 주도성이 중요한 역할을 해요.

　아이의 주도를 따르기 위해서는 아이가 무엇에 관심을 두고 있는지 아서야 해요. 아이의 얼굴을 바라보며 관찰해 주세요. 그다음 아이의 주도에 따르고 있다고 표현해 주세요. 아이의 말을 들은 후 아이의 말을 들었다고 표현해 주세요. 아이의 행동을 보고 아이의 행동을 보았다고 표현해 주세요. 아이가 느끼는 감정을 알아채셨다면 아이에게 그 감정을 들려주세요. 그러면 아이는 자기 말을 부모님이 경청하고 자기에게 집중한다는 것을 느끼고 더 편안하게 말할 수 있어요. 또한 아이는 자신의 속도로 자신이 계획한 말을 할 수 있어요.

아이의 주도를 따르는 말

- 자동차가 가네. (아이 말 되돌리기)

- 네가 자동차를 굴렸어! (아이 행동 반영하기)

- 그래서 신났구나! (아이 느낌 반영하기)

- 자동차를 굴리고 싶었구나! (아이 의도/생각 반영하기)

- 파란 자동차가 간다~ (언어 확장하기)

- 자동차가 가고 있네. (상황 묘사하기)

아이를 주도하는 말

- 이거 봐 봐. 이거는 번호판이 있고 이거는 번호판이 없어. 뭐가 없다고?

- 이거는 바퀴라는 건데 엔진으로 구동이 되는 거야.

- 정리하면서 놀아야지.

모든 것을 아이 주도로 해야 하나요?

모든 것을 아이의 주도로 해야 하는 것은 아니에요. 아이가 위험한 행동을 한다거나 예의에 어긋나는 행동을 한다면 부모님 주도로 규칙을 알려 주시고 아이가 위험에 처하지 않게 하셔야 해요. 위험하지 않은 놀이 상황에서는 아이가 최대한 주도할 수 있게 해 주세요.

아이가 왜 자꾸 '구나 구나' 하냐고 물어봐요.

아이의 말을 되돌려 주실 때 '-하는구나'를 자주 사용하시면 아이가 왜 자꾸 '구나 구나'하냐고 물어볼 거예요. 앞의 예시를 참고하셔서 상황에 맞게 표현해 주세요.

부모의 연습 기록지 엿보기

만 3세 아이의 부모 1

- 내가 아이의 말을 되돌려 줄 때 아이가 주도적으로 놀이하는 모습이 대견하다. 아이가 하는 것에 대해 아이가 주도적으로 이야기하다 보니 대화가 매끄러운 것 같다.
- 되돌려 주는 방식으로 말하니 내 말의 양이 줄어들었다.
- 놀이하면서 내가 '고민이 되네.'라는 말을 사용하니 아이가 의견을 더 잘 이야기했다, 아이 주도적으로 놀이하니 아이가 '모르겠다.'라는 말 대신에 대답을 했다. (이전에는 내가 물으면 '모르겠다.'고 대답할 때가 많았다.)

- 처음보다 아이가 혼자 상황을 만들어서 노는 시간이 늘어났다. 이전에는 아이가 '엄마가~ 이렇게 해~ 이렇게 이야기해.'라고 많이 이야기했는데 지금은 내가 아이에게 맞춰서 놀이하니 이런 말이 줄어들고 상황에 맞게 아이가 스스로 주도하여 놀이하는 모습을 보인다.

- 아이가 시간이 걸려도 혼자 상황을 만들어서 놀았다. 이전에는 짧은 공백을 못 견디고 엄마가 주도권을 빼앗아 놀이했던 것 같다.

- 그동안 엄마가 아이와 대화하며 노는 것이 잘 놀아 주는 것이라고 생각했는데 주도권을 내가 가지고 놀았던 것 같다. 오늘도 놀이하며 내가 불쑥불쑥 아이의 주도권을 가지고 오려고 한 것 같아 다시 차분한 마음으로 아이와 놀이해야겠다.

- 아이가 자신이 원하는 대로 놀이를 하니 즐거워했다. 어린이집에서도 스스로 하는 모습들이 학기 초에 비해 많아졌다고 한다. 아이가 해 주는 사소한 이야기의 양이 많아졌다.

- 아이와 그림그리기 활동을 하며 이야기를 많이 나누었다. 단순한 그림그리기가 아니라 가족 얼굴, 몸 등을 그리며 아이가 놀이를 주도했다. ……(중략)…… 이전에는 아이가 '엄마가 그려 줘. 엄마가 해 줘.' 이야기를 많이 했는데 스스로 이야기를 만들며 그림을 그리는 것을 보고 놀랐다.

만 4세 아이의 부모 1

- 아이가 '요리해 줄게.'라고 말하며 냄비에 음식 모형을 하나씩 담았다. ……(중략)…… 아이가 '피망을 담고'라고 말하며 담으면 나도 '피망도 담고'라고 말을 따라했다. '당근 담고' '양파 담고' 아이의 말을 들으며 나도 따라가며 상호작용을 했다. 아이의 말에 귀를 기울이고, 차례를

지키며 왔다 갔다 말을 하니 아이가 말하는 게 좀 편해 보였다.

만 4세 아이의 부모 2

- 아이 주도적으로 놀이하는 게 생각보다 힘들다. 계속 나의 의견을 제시하려고 해서 더 신경을 쓰며 아이 말을 되돌려 주려고 노력하고 구체적으로 풀어서 답했다. 아이가 더 신나 하는 게 느껴진다.
- 미니카 접기. 최근 들어 대부분의 놀이는 아이 주도로 시작한다. 특히 아이가 좋아하고 자신 있어 하는 활동이라 더 적극적이고 신나 한다. 나는 주로 아이와 눈맞추는 데 집중하고 아이의 설명에 리액션만 해주는데 자연스레 말속도가 느려진다.

만 6세 아이의 부모

- 먼저 알아도 끌어 주지 않기. 아이와 내가 같이 알아보자는 마인드로 대하니 좀 쉬워지는 듯하다.

40 기다려 주세요

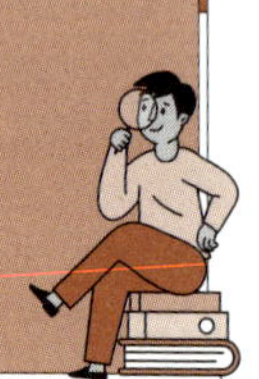

부모님이 아이의 얼굴을 바라보고 아이의 주도로 놀이를 진행하셨다면 아이의 놀이 방식과 속도를 알게 되셨을 거예요. 아이가 놀잇감을 탐색하고 놀이할 방법을 정하고 놀이에 문제가 생겼을 때 그것을 해결하려고 집중하고 있다면 기다려 주세요.

기다리면서 생기는 침묵의 시간을 저는 '여백' 또는 '공백'으로 표현해요. 대화에서 이런 침묵의 시간은 아이가 자신이 할 말을 준비하는 데 도움을 줘요. 더듬는 아이는 언어를 구성하거나 말을 내뱉을 준비를 하는 데 시간이 더 걸릴 수 있어요. 부모님이 기다려 주시면 아이는 모든 준비를 끝내고 말을 시작할 거예요.

아이가 놀잇감을 탐색하고 놀이 방법을 고민 중인데 부모님이 그 놀이감을 마트에서 본 적이 있다고 알려 주면 어떤 일이 벌어질까요? 아이는 놀잇감에 주의를 두며 인지적으로 작업 중인데 부모님의 말씀도 이해해야 하고 그 경험을 떠올리기도 해야 하고 그에 맞는 말도 준비해야 하고 자신이 준비한 놀이 방법에 대한 설명도 해야 하고……, 아이는 이 모든 것을 한꺼번에 모두 처리해야 해요. 앞서 제가 '교환 효과'에 대해 설명해 드렸어요. 아이가 머릿속에서 한 번에 처리할 수 있는 양은 한정되어 있는데, 이보다 더 많은 정보를 처리해야 할 때 상대적으로 취약한 말이 깨질 수 있어요. 아이가 원하는 만큼 탐색하고 자신이 하고 싶은 말을 여유 있게 계획해서 입 밖으로 내뱉을 수 있는 충분한 시간을 제공해 주세요.

아이가 놀이에 몰입해서 아무 말도 안 해요. 얼마큼 기다려야 할까요?

아이가 놀이에 몰입하는 경험은 아이 발달에 도움이 되죠. 부모님은 아이를 돕고 싶으셔서 이런저런 말씀을 해 주시고 싶으시겠지만 아이에게 몰입의 경험도 필요해요. 아이가 무언가를 탐색하거나 뇌에서 정보를 처리할 때 보이는 표정이 있어요. 아이가 놀이에 빠져 있을 때도 아이의 얼굴을 바라보시고 그런 표정을 찾아보세요. 그 표정을 알아채시면 아이가 부모님의 말씀을 편안하게 받아들일 수 있는 순간을 찾으실 수 있어요. 기다리는 시간이 너무 길다면 아이에게 부담이 적은 말을 들려줄 수 있어요. 아이가 보고 있는 것을 묘사해 주거나 아이가 하는 행동을 말로 들려주는 거죠. '지금 여기'에서 벌어지는 일에 대해 들려주는 것은 경험을 떠올리거나 상상해서 말하는 것보다 부담이 적어요.

단어가 떠오르지 않아서 아이가 짜증을 내는데 혼자 생각해 낼 때까지 기다려야 할까요?

어떤 아이는 언어를 계획하는 데 시간이 필요해요. 아이는 자신이 원하는 대로 빠르게 언어가 구성되지 않으면 '어, 음' 같은 삽입어를 사용하거나 '내가 내가'처럼 어절을 반복하면서 시간을 끌 수도 있어요. 이런 모습을 보일 때는 아이가 스스로 언어를 구성할 수 있게 기다려 주세요. 그런데 시간이 오래 걸려서 아이가 짜증을 낼 것으로 예상될 때는 도와주셔야 해요. 예를 들어, 아이가 '티라노 사우루스'라는 공룡 이름이 떠오르지 않아서, 짜증을 낼 것으로 판단되면 '싸움을 잘하는 공룡이지.'처럼 관련된 내용을 말씀해 주시거나 '티로 시작하나.' 또는 '티'처럼 단서를 주세요. 그래도 이름을 말하지 못하면 이름 전체를 알려 주세요.

만 4세 아이의 부모

- 종이접기를 할 때는 아이가 말을 많이 안 하는 편이다. 기다리기 연습에 집중하며 나는 추임새 넣는 정도로 다시 방법을 설명해 주거나 구체적으로 말한다.
- 이번 게임은 아이가 게임 선생님과 했던 것이라 여유가 있다. 눈을 마주치고 어떻게 하면 이길 수 있을지 서로 이야기한다. 답이 늦어도 기다리려고 노력한다. 생각보다 아직은 공백이 어렵다.
- 아이가 요즘 팽이 게임에 빠졌다. 어떻게 하면 잘 돌릴 수 있을까에 대해 이야기하는데 아이가 자신의 생각을 잘 말하지 못해서 내가 자주 도와주려 했다. 기다리기 + 도움 주려고 하지 말기
- 말더듬이 나올 때 최대한 눈 마주치기+기다림을 보여 주었다. 아이가 잘 빠져나오는 듯하다.

만 5세 아이의 부모

- 아이가 무언가를 만들며 열중해 있다. 내가 기다려 주자 '이건 자동

차인데 여기 문이 있고 여기서 운전하는 거야.'라고 설명해 준다.

- 아이가 머릿속에 있는 단어가 기억나지 않아서 답답해하는 순간이 있어 도와줄까 하다가 참고 기다려 주었다.
- 카드 만들기를 활동으로 진행했다. 낱말을 이야기하고 그림을 그리고 색칠하는 작업이라 차례지키기와 속도가 잘 지켜졌다. 아이가 말하는 것을 재촉하지 않고 기다려 주기가 익숙해지는 느낌이다.
- 오랜만에 여행을 와서 다른 환경에서 시도해 보았다. 확실히 집에서보다 내가 다른 사람의 눈치를 아직 보게 되는 것 같다. 다른 사람, 다른 환경에서는 아이에게 충분한 시간을 주지 못하게 되는 경우가 많은 걸 느꼈고, 대화 속도도 좀 빨라지게 되는 것 같다. ……(중략)…… 좀 더 연습이 필요한 것 같다.

- 그림을 그리다 보니 아이의 표정에 집중하기 어려웠다. 그리고 아이의 말을 반영할 때, 아이가 생각할 수 있는 시간을 가질 수 있도록 노력했다.

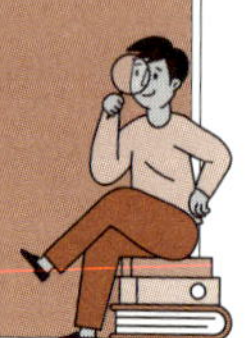

41 차례를 지키며 말해 주세요

　어떤 아이는 말에 대한 욕구가 커서 대화를 독차지하고 싶어 해요. 많은 말을 하다 보면 더 더듬어지기도 해요. 아이에게 차례대로 말하는 대화 규칙을 알려 주세요. 차례대로 말하기는 어린이집이나 유치원에서 모두 가르치는 것으로 새로운 것이 아니에요. 친구가 먼저 말을 시작하면 아이는 그 친구의 말을 들으면서 기다려야 한다는 것을 배워요. 차례대로 말하는 규칙은 누구나 자연스럽게 배워 나가요.

　부모님은 아이와 대화할 때 자신의 말차례에 한두 문장 말씀하고 기다려 주세요. 다음 차례는 아이의 차례니까요. 아이가 말하면 그다음에 다시 부모님이 말씀을 시작해 주세요. 부모의 말차례인데, 부모가 아무 말도 하지 않으면 아이는 자신이 한 말을 부모가 듣지 못한 줄 알고 또 말할 수 있어요. 부모가 자신의 차례에 말을 너무 짧게 하는 경우도 아이의 말차례가 빠르게 돌아오기 때문에 아이의 말의 양이 늘어나요. 각자 자신의 순서를 지키고 균형감 있게 대화를 주고받아 주세요.

아이	엄마
머리를 예쁘게 해 드릴게요.	네, 예쁘게 해 주세요.
똑바로 앉아 주세요. 그래야 머리를 자를 수 있어요.	바르게 앉았어요. 예쁘게 잘라 주세요.
드라이도 해 드릴까요?	머리도 감겨 주세요.

아이	엄마
머리를 예쁘게 해 드릴게요.	네
똑바로 앉아 주세요. 그래야 머리를 자를 수 있어요.	(말 없이 앉은 자세를 바꿈)
드라이도 해 드릴까요?	그래요.

아이	엄마
머리를 예쁘게 해 드릴게요.	네. 제 머리가 너무 길어요. 귀 밑에 맞춰서 잘라 주시고요. 삐져나오는 머리 없이 정리해 주세요.
똑바로 앉아 주세요. 그래야 머리를 자를 수 있어요.	똑바로 앉아 있는 거거든요. 머리도 세우고 있고 허리도 세우고 있어요. 머리를 제대로 빗고 잘라 주세요. 그러지 않으면 삐뚤게 잘라질 수 있어요. 가위 조심하고요.
드라이도 해 드릴까요?	당연히 해 주셔야죠. 드라이가 뜨거운 거 알죠? 1단으로 해야 다치지 않아요.

다음의 내용은 켈만과 니콜라스(2020)가 제안한 '마이크 게임'을 재구성한 거예요.

무엇이든 마이크 대용으로 쓸 수 있는 것을 준비해요. 장난감 마이크도 좋고 리모컨, 연필 등 마이크를 대체할 수 있는 것은 뭐든 좋아요. 이 게임의 규칙은 마이크를 들고 있는 사람만 말한다

는 거예요. 처음에는 한 단어를 순서대로 말하는 게임을 진행해
요. 처음부터 말이 너무 길어지면 아이가 기다리기 힘들어요. 그
래서 한 단어 수준으로 말차례지키기 규칙을 익히고 점점 말의
길이를 길게 해서 연습해요. 이 게임에서 중요한 것은 한 사람이
말하면 다른 사람은 들어야 한다는 거예요. 참여 인원이 많으면
아이가 기다리기 어려우니 처음에는 아이와 부모님 중 1명이 아
이와 연습을 해 주세요. 아이가 게임 규칙을 이해하고 기다릴 수
있다면 다른 가족 구성원도 게임에 참여해요.

① 한 단어 수준: 끝말잇기나 초성게임, 이름대기(동물, 음식 등), 연상
하기(예: 아빠에 대해 생각나는 것), 단어 거꾸로 말하기

② 구/절 수준: 좋아하는 것/싫어하는 것/친구 이름 말하기, 단어 정의
하기(예: 나는 사과, 내 친구 지민이, 연필은 쓰는 거)

③ 문장 수준: 사고 싶은 것 말하기, 친구 소개하기(예: 나는 닌텐도를
사고 싶어요. 지민이는 안경을 썼어요.)

④ 이야기 수준: 주제 정해서 이야기 만들기(예: 아이-모기 한 마리가
살고 있었어요. 아빠-그 모기 이름은 우니예요.)

규칙을 알려 주시는 동안 아이가 잠깐이라도 부모님의 말을
듣고 있다면 그 순간을 놓치지 마시고 칭찬해 주세요. '오~ 지금
아빠 말을 듣고 있었어! 고마워.'처럼 구체적으로 칭찬해 주세요.
게임이 끝난 다음에도 오늘 수행한 아이의 모습이 어떠했는지

알려 주세요. '오늘 처음 한 게임인데 네가 순서를 지키려고 노력하더라.'처럼요. 그러면 아이는 더 차례를 지키려고 노력하고 상대의 말을 더 귀 기울여 들으려고 노력할 거예요. 연습은 필요한 만큼 충분히 진행해 주세요. 연습이 진행된 이후 아이가 어른들의 말에 끼어드는 상황이 생긴다면 알려 주세요. '지금 아빠가 마이크를 잡고 있어.' 아이가 이 말을 듣고 기다려 준다면 아버지의 이야기가 끝난 다음 기다려 준 아이의 행동에 대한 칭찬과 함께 아까 아이가 어떤 말을 하려고 했는지 꼭 물어봐 주세요. 그래야 아이에게 기다리는 힘이 더 많이 생겨요.

🐱 아이가 마이크 게임을 하지 않으려고 해요.

다른 매력적인 게임이나 재미있는 장난감이 많이 있는데 마이크 게임을 하자고 하면 당연히 아이는 하기 싫어요. 마이크 게임을 재미있게 구성해 주시고 아이가 수행할 수 있게 도와주세요. 예를 들어, '한 단어 말하기'에서 부모님이 너무 잘하면 아이는 하기 싫어져요. 생각이 안 나서 고민하는 듯한 모습을 보여 주시거나 아이에게 도움을 요청해 보세요. '사고 싶은 것'을 말할 때 아이가 말하면 놀라는 모습을 보여 주시거나 엉뚱한 것(예: 별, 똥)을 사고 싶다고 해서 게임을 더 재밌게 만들 수도 있어요. 그리고 다른 매력적인 게임을 하지 않는 시간에 진행해 주세요. 예를 들어, 이동 중 차 안에서 진행하거나 재미있는 놀잇감이 없는 산책길이나 무언가를 기다리면서 무료하게 있는 시간을 이용해 주세요. 모든 방법을 사용했음에도 아이가 마이크 게임을 하지 않으려 한다면 '아빠가 숙제로 마이크 게임을 해야 해. 오늘 숙제하고 선생님께 알려 줘야 하는데 네가 도와줄래?'처럼 아이에게 도움을 요청하세요. 아이는 부모님을 도와주고 싶어해요.

🌟 말차례를 지키려고 할 때 아이 말을 끊게 되는 상황이 생겨요.

아이가 오늘 경험한 일을 흥분한 상태로 급하고 장황하게 부모님에게 말하려고 할 때 말차례를 지키며 대화하기 어려워요. 아이를 도울 수 있는 여러 가지 방법들을 충분히 연습한 부모님들은 이 상황에서도 말차례를 지킬 수 있는데 연습을 시작하시는 부모님에게는 어려울 수 있어요. 말차례를 지키기가 어려운 상황이라면 아이와 눈을 맞추고 고개를 끄덕이며 집중해서 들어주세요. 이 상황이 끝나면 다시 차례를 지키며 말하면 돼요. 부모님이 '끊는다'는 느낌으로 차례를 주고받으시면 아이는 자신의 말이 방해받는다고 생각하기 때문에 더 급해질 수 있어요.

🌟 아이가 더듬으면서 끼어들면 말차례를 지키기가 어려워요.

부모님이 또는 부모님과 다른 가족이 대화 중인데 아이가 계속 끼어들면서 자기 말만 들으라고 할 때가 있어요. 이때 부모님이 아이에게 끼어들지 말고 기다리라는 말을 못하실 때가 있어요. 여러 이유가 있겠지만, 그중 하나는 아이가 더듬으면서 부모님의 말에 끼어들면 안쓰러워서 아이가 말하게 그냥 두기 때문이에요. 그런데요. 민감하고 똑똑한 아이라면 바로 알아차려요. 자신이 말을 더듬으면 부모님 앞에서 대화 규칙을 지키지 않고 자기 마음대로 말할 수 있다는 것을요. 그러면 아이가 대화를 독차지하게 되고 대화 규칙이 무너지게 돼요. 말차례를 지키며 말하는 것은 말더듬과 상관없이 모든 사람이 지켜야 하는 대화 규칙이에요. 아이가 이것을 배울 수 있게 해 주세요.

🧒 아이의 말을 더 많이 들어줘야 한다고 해서 저는 주로 듣고 있어요.

부모님이 더듬는 아이의 말을 경청해야 한다고 들으셨는데 이를 잘못 이해하여 부모님이 말을 거의 하지 않는 상황이 벌어지기도 해요. 이때 아이는 혼자 더 많은 말을 해야 해서 말이 더 불편해질 수 있어요. 그리고 부모님 차례에 너무 짧게 말씀을 하시면 바로 아이의 말차례가 돌아오기 때문에 아이가 문장을 구성하는 데 충분한 시간을 가지기 어려워요. 단순히 말의 양을 줄이는 것은 도움이 되지 않아요. '39. 아이의 주도를 따라 주세요'에 제시된 아이의 주도를 따르는 말로 부모님의 말차례를 지켜 주세요.

부모의 연습 기록지 엿보기

만 3세 아이의 부모

- 차례지키며 말하기를 하니 아이가 급하게 끼어드는 일이 줄었고 천천히 말하게 됨을 느꼈다. 눈맞춤이 선행되어야 차례지키기가 더 가능해질 듯싶다.

만 4세 아이의 부모 1

- 풍선 던지기 놀이. 아이가 하고 싶어 한 놀이인데, 몸으로 하는 놀이라서 대화가 많이 오가지는 않았다. ……(중략)…… 대화가 짧으니 오히려 차례지키기가 더 수월했고 서로 순서를 지켜서 풍선 던지기를 하다 보니 자연스레 말차례가 지켜졌다.

만 4세 아이의 부모 2

- 할머니 집 마당에서 바람개비 날리기 놀이를 했다. 바람개비 날리는 도구가 하나뿐이라 엄마 한 번, 아이 한 번 돌아가면서 하다 보니 자연스럽게 주고받는 대화가 가능했다.

만 6세 아이의 부모

- 불을 끄고 반짝반짝 불빛이 나오는 응원봉을 흔들며 아이가 알려 준 율동을 하면서 노래를 부른다. 어두웠지만 눈을 맞췄고 노래를 따라 부르며 차례를 지켰다. 아이가 엄마 숙제(말연습)를 하면 엄마랑 놀 수 있다며 좋아했다.
- 5분 더 연장해서 연습하면서 속도 조절에 신경 썼다. 아이가 신나서 빨리 말하며 설명을 하면서도 간혹 나의 차례를 기다리는 느낌이 들었다.
- 가상의 로봇에 대해 이야기하다가 로봇에 대해 그림도 그리고 다양한 아이디어를 내보며 대화했다. 아이의 아이디어가 너무 많고 창의적이다. 중간 이후부터는 차례지키기가 되지 않아서 적당한 호응을 넣으며 들어주기식으로 진행했다. 아이의 발화가 길어지고 양이 많아지자, 호흡이 거칠어졌다. 끝음절 반복을 처음 들었다. 하지만 전반적으로 양호했고 중간중간 손 잡아 주기, 등 쓸어 주기를 같이해 주

었다. 차례지키기를 좀 지키지 않더라도 기다려 주고, 말이 끊기지 않게 진행했다. (차례지키기에 집중하다 보면 말을 끊어야 하는 경우가 다소 있었는데 그러다 보면 가끔은 아이가 더 급해질 때가 있어서 융통성 있게 진행 중이다.)

42 질문을 바꾸어 주세요

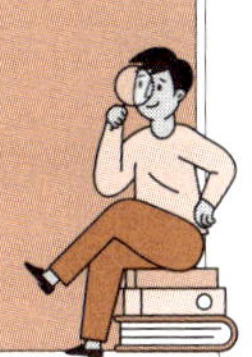

어떤 부모님은 아이와 대화하면서 거의 모든 말을 질문으로 하기도 해요. 이유를 물어보면 아이의 언어 발달을 위해서 질문을 많이 하라고 들었다고 하네요. 질문이라는 방식이 아이의 언어 발달을 돕지만 질문만이 아이의 언어를 발달시키는 것은 아니에요. 오히려 너무 많은 질문이나 어려운 질문은 아이의 말을 어렵게 할 수 있어요.

놀이하면서 아이가 자신이 할 말을 머릿속에서 준비하고 있는데 부모님이 질문을 한다면 어떤 일이 생길까요? 아이는 부모님의 질문을 이해해야 하고 이에 맞는 대답을 준비해야 해요. 그리고 자신이 하려던 말도 잊지 않고 기억하고 있다가 대답한 후에 바로 말해야 해요. 이때 순간적으로 아이의 뇌에서 한꺼번에 처리해야 할 일이 많아지죠. 그러면 상대적으로 유창함에는 에너지를 사용하지 못하게 돼요.

꼭 필요한 질문이라면 당연히 해야죠. 이때 질문을 달리하면 아이의 말을 도울 수 있어요. '왜'나 '어떻게' 같은 단어를 사용하는 개방형 질문에는 아이가 더 많은 대답을 준비해야 해요. 부모님이 많이 하시는 질문 중 하나는 '오늘 뭐 했어?'예요. 부모님은 어린이집이나 유치원에서 아이가 어떤 경험을 했는지 궁금해서 물어보시는 건데 오늘 아이가 한 일은 매우 매우 많겠죠. 오늘 경험한 일을 한꺼번에 다 말하려면 말이 더 더듬어질 수 있어요. 꼭 해야 하는 질문이라면 아이가 짧게 대답할 수 있는 폐쇄형 질문으로 바꿀 수 있어요. '오늘 뭐 했어?' 보다는 '오늘 ○○이랑 놀았어?' '오늘 종이접기 했어, 아니면 그림 그리기 했어?' 같은 질문은 '네/아니오'로 또는 단답식으로 대답하기 때문에 아이가 편하게 말하는 데 도움이 돼요.

사실 질문보다 더 효과적인 방법은 언급하기예요. '오늘 뭐 했어?'를 언급으로 바꾸어 보세요. 하원하는 버스에서 내리는 아이의 얼굴이 즐거워 보인다면 '오! 오늘 신나게 놀았나 보네.' 또는 '오늘은 즐거운 일이 있었나 보다.'라는 말로 바꾸어 보세요. 그러면 아이는 오늘 자신을 즐겁게 한 일 중 가장 기억에 남는 일을 선택해서 말할 거예요. 질문을 언급으로 바꾸는 연습을 충분히 하신 부모님들은 아이가 자신에게 더 많은 이야기를 들려주었다고 말씀해 주셨어요. 아이는 뻔한 부모님의 질문에 뻔한 대답이 아닌, 정말 자신에게 영향을 미친 일에 대해 말하게 되니까요.

언급하기는 언어 발달에도 큰 영향을 미쳐요. 앞의 예를 다시 보자면, 지금 하원하는 아이에게 부모님이 '신나게' '즐거운'이라는 단어를 들려주었어요. '지금', 그리고 '여기'에서 벌어지는 일에 맞는 단어를 아이에게 들려주면 아이는 단어와 그 상황을 빠르게 연결 짓기 때문에 더 쉽게 언어를 습득할 수 있어요.

습관적으로 질문을 하게 돼요.

우리 말은 문장 끝에서 음도를 올리면 질문이 돼요. 아이가 어머니에게 '엄마 이 벽돌을 위에 놓는 거야.'라고 말했는데, 어머니가 '이 벽돌을 위에 놓는 거야?'라고 말했다면 아이는 어떻게 이해할까요? 어머니는 아이의 말을 들었다는 의미의 표현일뿐인데, 아이는 자신이 무언가 잘못 말했다고 생각할 수도 있고, 자신이 말한 방법이 맞지 않았다고 생각할 수도 있어요. 심지어 엄마는 내 말을 안 믿는다고 생각할 수도 있어요. 그러면 아이는 추가적인 설명을 해야 해요. 아이는 이미 다음에 할 말을 머릿속에서 준비하고 있었는데, 엄마에게 추가적인 설명까지 해야 하니 순간적으로 처리할 일이 늘어나요. 부모님이 아이의 말을 들었다는 의미로 아이의 말을 반영할 때 문장 끝의 음도를 낮추어 그 의미가 전해지게 해 주세요.

질문을 하지 않으려니 할 말이 없어요.

인터넷에서 더듬는 아이를 돕는 방법을 찾아보면, '이것은 하지 말아 주세요!'와 함께 팔을 교차하여 X자를 만들어 보여 주는 장면이 있어요. 무언가를 하지 않으려고 조심하다 보면 중요한 것을 놓칠 때가 있죠. 질문이 그래요. 아이의 언어 발달을 위해서 질문을 자주 하시는 부모님에게 질문을 줄이셔야 한다고 교육하면 부모님은 아이에게 어떻게 말해야 할지 몰라서 침묵을 선택하기도 해요. 이것은 대화 단절이라는 더 큰 문제를 일으켜요. '질문을 하지 말자.'가 아닌 '아이의 주도를 따르자.'라는 마음을 가져 주세요. 아이를 따르는 방법은 언급으로 구성되어 있어요. 아이의 주도를 따라가다 보면 질문은 자연스럽게 줄어드니 걱정하지 마세요.

만 3세 아이의 부모

- 역할놀이 할 때 어려운 말을 피하려고 '바닐라가 맛있어요? 초코가 맛있어요?'라고 질문하고 아이가 선택해서 대답하게끔 대화했다.

만 4세 아이의 부모 1

- 아이가 블록을 쌓는 동안은 말수가 줄어든다. 블록을 다 쌓은 후 대화 시도가 가능하면 질문보다는 상황에 대해 화두를 던지고 아이가 말하면 '그러네~, ○○ 하는 게 맞네~' 하는 식으로 답변했다.

만 4세 아이의 부모 2

- 아이가 인형 역할이 되어 엄마와 이야기를 나눴다. 아이 한 번, 엄마 한 번, 차례를 지키며 주고받는데 중간에 내가 질문을 한 번 하자 아이가 말을 조금 길게 하며 더듬는 모습을 보였다.
- 불필요한 질문을 최대한 하지 않으려 생각하고 시작했는데, 나도 모르게 몇 번 질문했다. 그래서 그 후에는 아이의 말을 따라 하는 식으로 진행했더니 천천히 차례지키기도 되어 내일도 활용해 보면 좋을 것 같다.

만 4세 아이의 부모 3

- 클레이는 아이가 집중해서 하는 놀이 중 하나라 연습해 보려고 했다. 만드는 과정에서는 아이가 집중을 하니 말의 여백이 생길 때가 많아서 일부러 내가 만들며 '이 쿠키는 초록색이 좋을까, 노란색이 좋을까.' 같은 선택형 고민을 혼잣말처럼 했다. 아이가 '노란색이 좋을 것 같아.'라고 자연스럽게 이야기해 줬다.

43 느릿한 말속도로 자연스럽게 말해 주세요

많은 아이가 급하게 말할 때 더 더듬는 모습을 보이고 천천히 말할 때 덜 더듬는 모습을 보이기 때문에 부모님은 아이가 더듬을 때 천천히 말하기를 바라실 거예요. 실제로 천천히 말하면 말더듬 감소에 도움이 돼요.

말할 때, 우리의 뇌는 말할 내용을 구성하고 말을 산출할 수 있는 기관에 명령을 내려보내요. 그 명령은 호흡, 발성, 발음 기관을 거쳐서 입 밖으로 산출돼요. 한마디의 말을 할 때 약 150개의 근육과 연골을 이용(이승환, 2003)한다고 해요. 이 근육과 연골이 순식간에 오차 없이 맞물려 움직여야 뇌에서 구성한 말을 유창하게 해낼 수 있어요. 더듬는 아이는 이 근육과 연골의 움직임이 조금 느릴 수 있어요. 취학 전은 신체와 운동능력이 발달하는 시기이므로 이 근육과 연골들이 타이밍을 못 맞출 수 있어요. 이때 느리게, 천천히 말하면 타이밍을 맞추기가 훨씬 쉬워져서 말에 도움이 돼요.

어린아이는 자신의 말속도를 인식하기 어렵고, 인식하더라도 스스로 조절하기가 어려워요. 부모님이 아이에게 느리게 말하라고 했을 때 아이가 한두 문장을 느리게 말할 수는 있지만 모든 말을 느리게 하기는 어려워요. 중요한 것은 어린아이에게 모방능력이 있다는 거예요. 부모님이 느리게 말씀해 주시면 아이가 자연스럽게 이를 모방해서 느리게 말할 수 있어요.

어느 정도로 느리게 말해야 할까요?

어떤 부모님이 언어치료사에게 초당 3~4음절로 말해야 한다고 들었다고 해서 저는 정말 놀랐어요. 세상의 모든 사람은 자신이 초당 몇 음절로 말하는지 세지 않아요. 말의 음절 수를 세면서 말하면 오히려 언어 구성이 매끄러워지지 않고 아이와의 상호작용도 방해받을 수 있어요. 그러면 어떻게 해야 할까요? 아이가 어렸을 때를 떠올려 보세요. 아이가 아장아장 걸을 때 부모님은 아이를 빠르게 낚아채서 끌고 가지 않으시고 아이의 걸음걸이 속도에 맞추어 걸으셨을 거예요. 말속도도 마찬가지예요. 아이의 편안한 말속도를 찾으시고 그 속도에 부모님이 맞추시면 돼요. 아이가 어느 정도의 말속도로 말하는지 신경을 쓰면서 하루 정도 아이의 말을 들어 주세요. 더듬더라도 상대적으로 편안하게 말하는 아이의 말속도를 찾아 주세요. 그 속도는 아이가 사용하는 말속도이므로 부모님이 그 속도(또는 약간 더 느린 속도)로 들려주시면 아이는 편안하게 받아들일 수 있어요. 아이의 걸음걸이 속도에 맞추어 걷는다고 생각하시고 말속도를 자연스럽게 늦추어 주세요.

아이의 말에서 느린 말속도를 찾기 어려워요.

거의 모든 말을 매우 빠른 속도로 말하는 아이도 있어요. 이런 경우 아이의 한 단어 또는 짧게 하는 말을 들어 봐 주세요. 짧은 말에서도 느린 속도를 발견하기 어려우시다면 부모님이 들려주실 수 있는 가장 느릿한 말속도로 자연스럽게 들려주세요.

제가 느리게 말해도 아이는 계속 빠르게 말해요.

놀이의 진행 속도가 빠르고 아이가 몸도 급하게 움직이는 상황이라면 말속도도 자연스럽게 빨라져요. 이런 상황에서 말속도만 느리게 하는 것은 어려운 일이에요. 놀이가 느릿하게 진행되고 있는지, 아이의 행동이 느긋한지 확인해 주세요. 그리고 아이가 충분히 놀이를 탐색할 시간이 제공되고 있는지 확인해 주세요. 아이가 놀이를 탐색하고 있는데 부모님이 계속 말을 시키시면 아이는 급해질 수 있어요. 부모님이 아이의 말에 충분히 집중하면서 듣고 계신지도 확인해 주세요. 아이는 부모님이 자기 말을 듣지 않는 것처럼 느껴지면 더 급하게 자신의 의견을 전달하려고 할 거예요.

제가 느리게 말하니 아이가 왜 그렇게 말하냐고 물어요.

부모님이 아이에게 갑자기 천천히 말하면 아이가 '엄마 이상해. 왜 그렇게 말해?'라고 물어볼 수 있어요. 부모님이 늘 빠른 말속도로 말하다가 갑자기 말속도를 늦추면 어떤 아이는 이를 민감하게 알아채고 이상하게 생각할 수 있어요. 이때 부모님은 느린 말속도의 자연스러움을 확인해 주세요. 어색할 정도로 너무 느리게 말하거나 음절마다 뚝뚝 끊어지게 말하거나 운율이 너무 단조로우면 아이가 이상하게 생각할 수 있어요. 이런 말은 아이뿐만 아니라 모든 사람이 듣기 불편한 말이에요. 이런 상황이 지속되면 아이는 느린 말을 불편한 말로 인식하고 더 사용하지 않으려고 할 거예요. 아이의 말속도만큼 느리지 않더라도 자연스러움을 유지하는 것이 중요해요.

아이는 제가 천천히 말하는 것을 싫어해요.

어떤 아이는 부모님이 느린 속도의 말을 들려주면 얼굴을 굳히고 부모님에게 그렇게 말하지 말라고 말하기도 해요. 왜 이런 모습을 보일까요? 이 아이는 부모님이 느린 말속도를 사용하는 것만으로도 자신을 지적하거나 자기에게 느린 말속도의 사용을 강요한다고 생각할 수 있어요. 아이가 더듬을 때만 부모님이 느린 말속도를 사용하거나 아이가 더듬은 말만 부모님이 다시 느리게 들려주시면 아이는 자신의 말더듬과 부모님의 느린 말속도의 관계를 알아채고 부모님이 지적한다고 생각할 수 있어요. 그러면 부모님의 느린 말속도를 들을 때 자기가 잘못 말했고 이에 대해 지적받는다고 생각할 수 있죠. 또 어떤 아이는 평상시 부모님에게 느리게 말하라는 말을 자주 들어서 부모님이 느린 말속도를 사용하면 자기에게 느리게 말하라는 것으로 인식하고 강요처럼 받아들일 수 있어요. 아이의 말을 경청하시고 자연스럽게 느린 속도로 말씀해 주세요.

만 3세 아이의 부모 1

- 제가 말을 천천히 하니 아이도 제 말을 따라 하면서 말속도까지 따라 하는 것 같았다.

만 3세 아이의 부모 2

- 내가 신경을 써서 일관된 말속도로 계속 이야기하려 했다.
- 속도 느리게 하기는 쉽게 되었다. 아이의 말속도와 내 말속도가 비슷하다고 느껴졌다.
- 아이가 느리게 말하는 것에 대해 불편해할 수 있을 것이라 생각했지만 기우였던 것 같다. 오히려 대화할 때 차례지키기가 더 잘 되는 것 같다.

만 3세 아이의 부모 3

- 말속도를 늦추려고 의식적으로 노력을 했는데 아이의 말속도도 느려진 것 같다. 전체적으로. 아이 주도를 따라가다 보니 아이의 말속도를 알게 되었다. 아이가 말이 빠른 편이고 말을 잘해서 엄마의 말속도를 모방하는 것을 모르고 계속 빨리 말했던 것 같은데 생각보다 아이의 말속도가 느린 것을 알게 되었다. 내 생각보다 아이의 말속도가 느리다. ……(중략)…… 아이가 또래보다 말을 잘해서 내가 너무 큰 아이로 생각한 것 같다.
- 아이가 퍼즐에 집중하며 혼잣말할 때가 있는데 내가 평소에 느리다고 생각했던 아이의 말속도보다 훨씬 느렸다. ……(중략)…… 일상생활에서 내 말속도도 조절해서 좀 더 느리게 해 봐야겠다고 느꼈다.

만 4세 아이의 부모

- 천천히 말하면 조금 부자연스러운 면이 있어서 속도는 조금 천천히

하되 자연스럽게 말하려 노력했다. 천천히 말할 때 텐션이 낮아지는 것도 수정하려 했으며, 차례지키기는 꾸준히 생각하여 지켰다.

만 5세 아이의 부모

- 최대한 말속도 늦춰서 이야기했다. 아이가 나에게 좀 더 느리게 이야기해야 편하다고 말해 줬다.

만 6세 아이의 부모 1

- 체스 놀이에서도 아이의 편한 말속도에 맞추어 대화했다. 내가 천천히 말을 하니 아이가 말을 더듬으려는 순간에 자연스럽게 다시 말하는 걸 대화 중에 한 번 보았다.
- 내가 너무 느리게 말하는 거 같아서 다시 아이의 말속도를 유심히 들었다. 기분이 좋은 상태에서 아이 말속도가 빠른 거 같아 그것보다 살짝 느리게 아이 말을 따라 했다.

만 6세 아이의 부모 2

- 포켓몬을 얘기하며 타입을 맞추는 게임을 했다. 말을 짧게 하니 속도 늦추기가 편했다.
- 아이가 거북이처럼 말하지 말라고 얘기해서 내가 말연습 중임을 이해시켰다. (5일 후) 말속도를 조절했다. 너무 늦게 얘기하면 거북이 같다고 아이가 싫어해서 적당한 속도 조절 연습이 필요한 것 같다. ……(중략)…… 말연습을 한다고 느끼지 못하게 자연스럽게 연습하자. (일주일 후) 상황 안에서 연습할 때는 느리게 말하는 것에 대해 아이의 거부감이 없었다.

44 쉼을 넣어서 말해 주세요

　대화가 빠르게 진행되면 서로 말이 겹치게 될 때가 있어요. 이런 경우 자기 말을 멈추고 상대가 말할 수 있게 배려해 줄 수도 있고 자신의 말속도를 더 빨리해서 먼저 말을 끝내버릴 수도 있어요. 아이들은 멈추고 기다리기보다 더 빨리 말하는 방법을 주로 선택하는 듯해요. 그러다 보면 말을 더 급하게 해야 하고, 급하게 말하다 보면 더 더듬어질 수 있어요.

　아이와 대화할 때 말이 자주 겹친다면, 부모님은 아이의 말이 끝난 것을 확인하시고 말씀을 시작해 주세요. 처음에는 말이 겹치지 않는 것을 목표로 연습해 주세요. 말이 겹치지 않는다면 아이의 말 다음에 1초 정도의 쉼(간격)을 두고 부모님이 말씀해 주세요. 이러한 대화 방식이 지속되면 아이도 자기 말을 시작하기 전에 약간의 공백을 두는 것이 느껴지실 거예요. 이러한 공백은 아이의 말을 더 편안하게 만들어요.

　이러한 쉼을 부모님의 말씀 사이에도 넣어 주세요. 특히 길게 말해야 하는 상황에서 쉼을 적절히 사용하면 말속도가 전체적으로 느리게 전달돼요. 하지만 어절마다 쉼을 넣으면 매우 부자연스럽게 들리니 적절한 위치에 쉼을 넣어 주세요.

• 자연스러운 쉼

소연아 (쉼) 블록 놀이를 다 끝내면 (쉼) 저녁 먹으러 가자 (쉼)

• 부자연스러운 쉼

소연아 (쉼) 블록 (쉼) 놀이를 (쉼) 다 끝내면 (쉼) 저녁 (쉼) 먹으러 가자 (쉼)

제가 1초 간격을 두니 아이가 왜 대답을 빨리 안 하냐고 짜증을 내요.

부모님이 아이 말이 끝난 다음에 1초 정도의 쉼을 두려고 하면 아이가 '엄마 왜 말 안 해?'라고 물을 때가 있어요. 항상 빠르게 대답하던 부모님이 1초간 침묵을 유지하면 아이로서는 부모님이 자기 말을 듣지 못했다고 생각하거나 자기의 말에 관심이 없다고 생각해서 짜증을 낼 수 있어요. 부모님이 평소 빠르게 대답하셨다면 서서히 쉼의 간격을 늘려 주세요. '겹치지 않게 → 0.5초 정도 → 1초 정도' 순서로요. 1초의 쉼을 두기 위해 어떤 부모님은 속으로 '1'을 세기도 하시는데, 이 방법은 부작용이 있어요. 숫자를 세는 순간 상호작용이 깨지기도 하니까요.

1초의 쉼을 자연스럽게 넣어 주세요. 가장 자연스러운 방법은 상황에 맞는 비언어적인 행동으로 이 공백을 채우는 거예요. 비언어적인 행동을 하면서 말이 없는 공백 시간을 마련하는 것이지요. 예를 들어, 아이와의 눈맞춤을 더 유지하면서 눈으로 메시지를 보내는 거예요. 내가 말할 준비를 하고 있다고요. 1초 동안 부모님이 상체를 아이에게 기울이거나 손뼉을 치거나 고민하는 듯한 모습을 보이거나 장난감을 옮기는 행동을 하면 아이는 그 메시지를 해석하며 잠시 기다릴 수 있어요. 이러한 방법은 상황에 맞는 행동이어야 하며 자연스러워야 해요. 1초 쉼을 두는 대화가 익숙해지면 부모님이 비언어적인 행동을 하지 않더라도 아이는 그 쉼을 편안하게 받아들일 수 있어요.

부모의 연습 기록지 엿보기

만 3세 아이의 부모 1

- 역할극을 하면서 눈맞춤은 기본이 되었고, 일부러 아이 말과 내 말 사이에 쉼을 넣어서 대화했다. 그러다 보니 자연스럽게 말의 속도도 늦춰지고 천천히 대화를 이어갔다.

- 손 인형을 끼고 역할극과 블록 놀이를 했는데, 안정적으로 간격두기가 되었습니다. ……(중략)…… 지난주 대비 간격두기 연습에 어색함은 사라졌고 비교적 초반부터 연습을 잘 시작했다.

- 간격두기 연습할 땐 숨은그림찾기가 제일 잘되는 것 같다. 사실 숨은그림찾기를 많이 반복해서 다 아는 내용이지만, 아이도 주고받는 대화의 패턴을 싫어하지 않고 오히려 좋아하는 것 같아서 연습하기에 수월했다.

- 레고 블록을 만들며 대화 연습을 했고, 간격을 두는 방법으로 최대한 눈을 한 번 마주치거나 입을 다시 보고 말을 시작했다. 그리고 레고를 맞추느라 침묵이 있었고, 말을 천천히 하는 연습도 잘 되었다.

만 3세 아이의 부모 2

- 1초 간격두기와 차례지키기에 신경 쓰면서 놀이했는데 1초 간격이 어렵다. 간격두기를 하려고 기다리는 동안 아이는 내가 말하지 않는다고 생각하고 말을 시작해서 나의 말과 겹칠 때가 있다. 이어지는 말을 기다리면 나중에 아이가 '엄마 왜 말 안 해?'라고 말해서 중간 지점 찾기가 어렵다. 조금씩 더 많이 연습해야겠다.

만 5세 아이의 부모

- 말 사이 쉼은 아이의 속도를 맞추다 보면 자연스럽게 되는 것 같다.

만 6세 아이의 부모

- 얼음 깨기 게임을 했다. 눈맞춤은 잘 이루어졌는데 자연스럽게 쉼을 얻기가 힘들었다. 쉼을 생각하면 내 차례를 놓칠 때가 있었다. 시간이 날 때마다 자주 연습하고 자연스럽게 쉼을 얻는 방법을 익힐 수 있도록 노력해야겠다.
- 1초 간격을 지키려고 노력했다. 1초 간격을 지키면 자연스럽게 말속도도 늦출 수 있다. 말이 길어지면 속도가 조금 빨라졌다. 이번 주는 1초 간격에 초점을 두고 익숙해지도록 연습해야겠다.

45 아이의 자신감을 키워 주세요

아이가 더듬는 것도 속상한데 말더듬 때문에 아이가 위축되어 자기가 하고 싶은 말도 다 하지 못할까 봐 걱정되시죠? 다수의 부모님이 말더듬으로 아이가 위축될까 봐 걱정하세요. 그런데 아이가 말만 유창하면 자신감도 올라갈까요? 자신감은 아이가 어떤 일을 잘할 수 있겠다는 자신에 대한 느낌이에요. 꼭 유창한 말로만 생기는 것은 아니죠.

치료 현장에 있다보면 아이가 말을 더듬는다는 이유로 다른 수행에 대해 칭찬받지 못하는 경우를 자주 보게 돼요. 부모님이 아이의 말더듬에 너무 신경을 쓰고 걱정하다 보면 아이의 다른 행동에 대한 칭찬과 격려를 놓칠 때가 있어요.

자신감은 말더듬 치료의 핵심이라고 할 수 있어요. 일상생활에서 아이의 자신감이 높아지면, 말을 더듬더라도 당당하게 소통할 수 있으니까요. 아이가 가진 다른 장점들을 찾아 주세요.

칭찬하기 위해 쓰는 표현 중 습관적으로 자주 사용하는 단어는 '잘'이에요. 부모가 '잘했다'라는 표현을 너무 자주 사용하면 아이는 형식적으로 받아들일 수 있어요. 부모님의 생각에 아이가 이전보다 조금이라도 더 잘 수행했을 때 '잘했다'라고 칭찬하실 수 있지만, 아이는 자신의 기대치만큼 수행하지 못했다면 이 '잘했다'라는 말을 칭찬으로 받아들이기 어려울 수 있어요.

아이가 노력하고 시도한 과정을 구체적으로 칭찬해 주세요. 아이가 배려했다면 고마움의 표현(예: 소연이가 아빠 신발을 꺼내 주었네. 고마워.)도 해 주세요. 이러한 칭찬은 아이가 성취감을 느끼게 하므로 내적 동기를 끌어올릴 수 있어요. 또한 노력한 과정을 '언급'하기 때문에 아이의 언어 발달에도 도움이 돼요.

노력한 과정에 대한 구체적인 칭찬

아빠: 1: 오! 블록을 이만큼(손으로 높은 곳을 가리키며) 쌓았어!

2: 네가 끝까지 쌓아 올렸구나!

3: 와~ 성처럼 보여!

4: 끝까지 쌓아서 완성했네!

5: 이전보다 더 높이 쌓아 올렸네!

아빠: 1: 그래. 그런데 더 높이 쌓아야지.

2: 오~ 잘했어.

3: 진짜 멋진데?

4: 와~ 대단한데!

5: (손가락을 들어 올리며) 역시, 최고야!

- 소은이가 이제 옷도 스스로 벗을 수 있구나.

- 도진이가 포기하지 않고 끝까지 해서 너무 자랑스러워.

- 횡단보도를 건너지 않고 기다려 주었네.

- 네가 종이 모서리 부분을 붙여 접어 주었네.

- 우와~ 다희가 노란색 물고기 네 마리를 다 찾았네~

- 우영이가 스스로 젓가락 정리한 거야? 우영이는 엄마의 훌륭한 도우미네~

- 우리 태준이가 집중해서 꼼꼼하게 칠했네.

- 진우가 스스로 양치하네. 충치 세균이 다 없어져서 정말 깨끗해졌다.

- 은빈이가 형아처럼 엄청 크게 한술 떠먹네!! 우와!

- 세모 두 개 합체해서 네모를 만들었네~ 엄마는 생각 못 했는데~

- 새로운 방법이네, 3명도 탈 수 있구나. (자동차) 정비 고맙습니다.

- 주황 블록을 거기에도 붙일 수 있네! 아빠도 그렇게 생각해.

- 돌려서 놓았네. 찾아냈구나. 이제 도움 없이 할 수 있겠다.

- 거꾸로도 할 수 있네, 동그라미가 네모로 변신했구나!

- 처음 하는데 그렇게 움직일 수 있구나! 아빠가 못 본 걸 보았네.

- 오늘 엄마가 바쁘고 아팠는데 기다려 줘서 고마워.

- 엄마한테 지호가 마음을 차분히 이야기해 줄 수 있구나.

- 엄마한테 레고를 나누어 줘서 고마워.

- 눈이 많이 와서 더 놀고 싶었을 텐데 엄마 이야기(요청)를 들어줬네.

- 아침에 엄마 바쁜데 스스로 밥을 다 먹었구나!

요즘은 아이에게 칭찬하지 말라고 하던데요?

'칭찬의 역효과'로 잘못된 칭찬에 대해 알려졌고, 칭찬보다 격려의 표현으로 아이의 내적 동기를 더 끌어올리라는 말이 칭찬하지 말라는 또는 자주 하지 말라는 말로 전해진 듯해요. 아이의 수행을 평가하는 칭찬은 외적 동기로 작용하여 저희가 원하지 않는 일들이 생길 수 있어요. 예를 들어, '이 책을 읽는 것이 재미있구나!' 또는 '이 책을 진지하게 보고 있구나!'처럼 아이가 읽은 과정을 칭찬하는 것과 '20권을 읽었네.'처럼 읽은 권수가 많은 것을 칭찬하는 것은 다른 결과를 낳을 수 있기 때문이죠.

제가 말더듬 아이를 직접 치료할 때도 다양하고 구체적인 칭찬을 하고 있어요. 예를 들어, '네가 자동차라고 말할 때 솜사탕처럼 부드럽게 말했어!' '오, 힘을 중간만큼만 주고 정말 편안하게 말했어!'처럼요. 그러면 아이는 자신이 수행했다는 사실에 뿌

듯함을 느끼고 부드러운 말을 더 자주 사용하려고 노력해요.

부모의 연습 기록지 엿보기

만 3세 아이의 부모

- 오늘은 중간에 잘 안돼서 화내는 아이에게 격려해 주고 눈마주칠 때마다 칭찬을 해 주니 끝까지 조립을 마쳤다.

만 4세 아이의 부모 1

- 아이가 퍼즐 조각 하나를 가지고 잘 못 끼우는 모습을 보여 '파란색은 어디 있지.'하고 힌트를 주니 아이가 살펴보고는 '여기 있네.'하며 끼우는 모습을 보였다. 퍼즐 조각을 찾았다며 칭찬해 주니 아이가 뿌듯함을 보였다.

만 4세 아이의 부모 2

- 칭찬을 일상에서도 하려고 노력한다. 아이도 좋아한다.

만 5세 아이의 부모 1

- '이층 버스 만들었네. 1층은 사람 타고, 2층은 공룡 타고, 어쩜 이런 생각을 다 했지? 아빠는 이런 생각 못 했는데.' 칭찬하자 아이가 빙그레 웃고 재밌게 놀았다.

만 5세 아이의 부모 2

- 외출했을 때 아이가 유혹 상황에서도 참고 기다려 줘서 고맙다고 말해 주니 기뻐한다.
- 칭찬을 해 주니 아이가 미소를 짓는다. 더 열심히 칭찬해야겠다.

46 더 더듬는 상황을 조정해 주세요

🌟 어려운 단어를 말할 때 더 더듬어요.

어떤 아이는 생소하거나 어려운 단어를 말할 때 더 더듬기도 해요. 아이는 연령이나 인지발달 수준에 맞는 단어를 당연히 습득해 나가야 해요. 하지만 아이가 나이에 맞지 않는 어려운 단어를 사용하려 한다면 언어환경을 개선할 필요가 있어요. 부모님은 아이의 나이에 맞는, 아이의 또래가 자주 사용할 만한 단어를 사용해 주세요.

🌟 문장을 길게 말할 때 더 더듬어요.

더듬는 아이는 상대적으로 긴말을 할 때 더 더듬어요. 이 때문에 과거에는 더듬는 아이에게 짧게 말하게 한 적도 있었는데 아이의 언어 발달도 중요하기 때문에 지금은 그렇게 유도하지 않아요. 언어가 발달하면서 아이가 문장을 길게 사용하려고 할 때 또는 여러 문장을 연결해서 말하려고 할 때 아이가 그 문장을 끝까지 완성할 수 있게 기다려 주세요. 아이가 문법적으로 엉망인 문장을 말할 수 있어요. 그렇다면 아이가 말한 문장을 문법에 맞게 재구성해서 들려주세요. 이때 질문이나 다시 말하라는 지시가 아닌, 그 내용을 들었다는 뜻으로 아이 말을 반영하면서 언어적으로 적절한 모델링을 보여 주세요. 말을 장황하게 늘어놓는 아이도 있어요. 이때도 아이가 한 말을 요약해서 들려주세요.

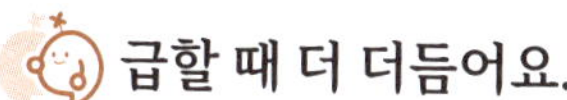 **급할 때 더 더듬어요.**

우리는 급하게 말하면 더 더듬을 수 있다는 것을 알고 있어요. 아이가 급한 기질을 가지고 있는 경우도 있지만, 재촉하는 환경으로 인해 아이가 급해질 수 있어요. 행동이 급하면 말도 급해져요. 일상에서 '빨리 빨리'를 외치는 상황이 있다면 조정해 주세요. 조정 방법은 상황마다 아이와 부모마다 달라요. 다음의 예를 참고하여 현재 상황에 가장 적합한 방법을 찾아 주세요.

재촉하는 상황(예: 등원 전)

- 아이가 늦게 일어난다면, 일주일에 5분씩 기상 시간 앞당기기(저녁 취침 시간도 조금씩 앞당기기)
- 아침에 준비할 게 많다면, 저녁에 미리 준비하기
- 아이가 뭉그적거린다면, 외부에 호기심을 가질만한 상황 만들기(예: 어제 본 개미가 오늘도 나와 있을까?), 아이의 목소리로 알람 시간 설정하기, 나가야 할 시간과 현재 시간 알려 주기, 아이가 수행하고 있는 것을 말로 표현하기, 부모의 걱정 표현하기

피곤할 때 더 더듬어요.

피로도는 아이의 성장에 매우 중요한 부분이에요. 건강에 문제가 있거나 충분히 자지 못하거나 낮에 신체적 또는 정신적으로 너무 많은 에너지를 사용하면 피곤해질 수 있어요. 어른도 피곤

하면 몸이 무거워지고 근육들이 평상시처럼 민첩하게 움직여지
지 않아요. 아이는 더 할 거예요. 아이의 피곤함은 구강의 말근육
의 움직임을 둔하게 만들기 때문에 말더듬에 영향을 미칠 수 있
어요.

피로도를 조정하기 위해 아이가 양적, 질적으로 충분히 자고
있는지 살펴봐 주세요. 취침과 기상 시간은 최대한 일정하게 유
지되고 있는지 확인해 주세요. 아이의 건강 상태에 따라서 수면
시간이 달라질 수 있으니 이 부분을 고려해 주세요. 낮잠이 필요
한 아이라면 낮잠을 잘 수 있게 해 주세요. 이러한 패턴은 주말에
도 동일하게 유지되어야 해요. 주말이나 월요일에 더 심한 말더
듬을 보일 때 깨진 수면 패턴으로 발생하는 피곤함이 영향을 미
치는 것은 아닌지 확인해 주세요.

⭐ 흥분하면 더 더듬어요.

아이가 흥분하면 더 더듬는다는 것은 부모님의 보고에서도 연
구 결과에서도 확인할 수 있어요. 임상 현장에서 더듬는 아이를
치료할 때 가장 마지막까지 더듬는 상황 중 하나는 흥분하는 상
황이에요. 아빠와 몸놀이를 하거나 또래 여럿이 신나게 놀이할
때 아이가 흥분하면서 더 더듬을 수 있어요. 그러면 흥분하지 않
게 해야 할까요? 말더듬이 너무 심하게 지속될 때 차분한 놀이 상
황을 의도적으로 조성할 수 있지만, 아이의 신체적, 정서적, 사회
적 측면의 발달을 위해서 흥분하면서 신나게 놀이하는 경험이 필
요해요. 유창함을 증가시키기 위해서 다른 경험을 잃어서는 안

되겠죠. 아이가 신나게 놀게 해 주세요. 그리고 그 놀이 상황이 끝나면 아이가 쉬면서 차분해지게 전환되는 시간을 가져주세요.

혼났을 때 더 더듬어요.

부모님이 아이를 혼냈을 때 아이가 더 더듬었다는 말을 종종 들어요. 그러면 더듬지 않게 하려고 아이를 혼내지 않아야 할까요? 훈육이 필요하다면 당연히 훈육도 해야죠. 말더듬 때문에 예의 없는 행동을 하거나 위험한 상황에 빠지면 안 되니까요. 다만 훈육 방법이 적절한지, 더 효과적인 훈육 방법은 없는지 확인해 주세요. 적절하고 효과적인 훈육 방법을 사용했음에도 아이가 울면서 더 더듬을 수 있어요. 훈육이 끝나면 앞에서 배운 방법들을 적용해서 아이가 편안하게 말할 수 있게 도와주세요.

주말이나 월요일에 더 더듬어요.

특정 요일에 더 더듬는 아이가 있어요. 정해진 루틴에 더 편안함을 느끼는 아이는 루틴이 깨졌을 때 영향을 받을 수 있어요. 평일에는 어린이집이나 유치원에 다니며 예측할 수 있는 루틴 안에서 생활하다가 주말에 결혼식이나 여행 등으로 예측하지 못하는 상황에 노출되면 말더듬이 더 심해질 수 있어요. 그러면, 새로운 상황에 참여하지 말아야 할까요? 상황이 예측될 때 더 편안함을 느끼는 아이라면 새로운 일정이 생겼을 때 꼭 아이에게 미리 알려 주세요. 만약 결혼식에 간다면 관련된 사진을 보여 주시거나 아이가 이해할 수 있는 수준으로 누구를 만나고 무엇을 먹을

지 무엇을 보게 될지 알려 주세요. 어떤 아이는 예측하게 해 주었는데 그 내용을 듣자마자 기대감에 흥분하면서 더 심하게 더듬을 수 있어요. 이런 경우 아이에게 맞는 적당한 시점을 찾고 제공할 정보의 수준이나 양을 조정해야 해요.

낯선 환경에 가거나 새로운 사람을 만나면 더 더듬어요.

정서적으로 민감한 아이가 있어요. 민감하다는 것은 다른 사람이 느낄 수 없는 것을 느낄 수 있는 매우 특별한 능력이지만, 말더듬을 가중시키는 요인이기도 해요. 특히 새로운 유치원에 등원하거나 이사 등 큰 사건을 경험할 때 영향을 받아요. 매우 민감한 아이는 익숙한 환경이라도 오랜만에 가면 영향을 받기도 해요. 이런 아이에게는 새로운 환경을 최대한 낯설지 않게 받아들이게 해야 해요. 새로운 유치원에 등원하게 된다면 미리 그 유치원을 방문하고 유치원이 보이는 곳에서 시간을 보내 주세요. 유치원 홈페이지에 올려진 사진들을 미리 보여 주면서 이야기를 나누어 주세요. 선생님과 친구들 사진을 미리 볼 수 있다면 더 좋겠죠. 그리고 새로운 환경에 기대감을 가지고 참여하게 해 주세요. 새로운 환경에 가는 것도 부담스러운데 무언가를 잘해야 하고 실수하면 안 된다는 생각까지 하게 되면 긴장감이 더 높아져요. 아이가 새로운 유치원에서 신나고 재미있는 일이 벌어질 거라는 기대를 갖게 해 주세요.

울음이 한 번 터지면 오래 지속되는데 그때 더 더듬어요.

감정과 말더듬은 연결되어 있어요. 앞서 살펴본 흥분했을 때와 혼났을 때, 새로운 환경을 접했을 때 감정적인 변화가 나타나요. 이렇게 한 번 감정이 고조되면 그 감정이 30분, 1시간씩 지속되어 부모님이 기진맥진해질 때가 있죠. 낮은 정서적 조절력 또한 말더듬을 심하게 하는 요인으로 알려져 있어요. 어떤 요인이 아이의 감정을 터트리는지 살펴보세요. 모든 요인을 다 찾을 수는 없지만, 아이마다 상황마다 영향을 미치는 요인이 있어요. 그것을 찾아내면 아이가 더 편안하게 그 상황을 접할 수 있게 도울 수 있어요. 부모님이 아이의 정서적 반응으로 기진맥진한 상황이 자주 발생하고, 아이가 왜 짜증이나 화를 내는지 예측하기 어렵다면 관련전문가와의 상담을 권해 드려요.

47 덜 더듬는 상황을 늘려 주세요

상대적으로 덜 더듬으며 편안하게 말하는 상황이 있어요. 그 상황은 아이마다 달라요. 어떤 아이는 잠자기 전에 가장 편안하게 말하는 반면, 어떤 아이는 잠자기 전에 가장 많이 더듬기도 해요.

아이의 일상과 말을 살펴봐 주세요. 짧게 말할 때, 자고 일어나서, 자기 전에, 보드게임 할 때, 탕 목욕할 때, 식사 시간 등 덜 더듬는 상황이 확인되면 가능한 범위 내에서 그 시간을 더 많이 가질 수 있게 도와주세요. 예를 들어, 짧게 말하는 보드게임 상황에서 덜 더듬는다면 게임을 단순하게 만들어서 진행해 주세요. 자기 전에 덜 더듬는다면 조금 더 일찍 누워서 대화를 나눌 수도 있죠. 하지만, 이런 상황을 만들려고 했는데 아이가 싫어하며 짜증을 낸다면 도움이 되지 않아요. 상황을 고려해서 융통성 있게 적용해 주세요. 아이 혼자 말하는 상황이나 영상을 보는 시간은 다른 사람과의 상호작용이 이루어지지 않기 때문에 일부러 늘릴 필요는 없어요.

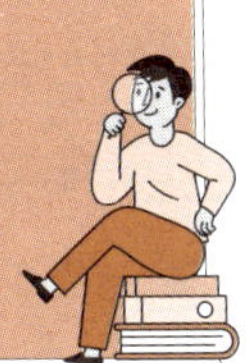

48 아이가 주위의 부정적인 반응에 대처하게 해 주세요

　부모님의 걱정 중 하나는 말더듬에 대한 또래의 부정적인 반응이에요. 제가 더듬는 아이의 담임 선생님들과 인터뷰를 한 적이 있어요. 선생님들의 보고에 따르면, 만 2세에는 또래들의 반응이 나타나지 않았지만, 만 3~4세에는 또래들이 더듬는 말을 알아채거나 무시하는 모습을 보였어요. 만 5세에는 또래들이 더듬는 아이 또는 교사에게 말더듬에 대해 구체적으로 물어보고 그 형태를 흉내 내거나, 말더듬을 들으면서 웃거나 놀리는 태도를 보이기도 했어요. 자신의 말을 모니터링하는 능력이 자연스럽게 발달하는 것처럼 타인의 말을 모니터링하는 능력도 발달하기 때문에 또래들도 말더듬을 알아채게 되죠. 또래들은 자신과 다르게 말하는 것이 궁금해서 물어볼 때가 많아요. 이 질문에 더듬는 아이가 대답하지 못하고 피하면 또래들은 그 모습 자체에 흥미를 느끼고 더듬는 아이를 계속 곤란하게 하거나 놀릴 수 있어요.

　아직 또래들이 놀리지는 않는데, 앞으로 그런 일이 생길까 봐 걱정이에요.

　아이가 말더듬이라는 단어를 부정적으로 경험하지 않게 도와야 해요. '37. 말의 불편함을 알아채 주세요'에서 설명한 대로 말에 대해 부모님이 터놓고 말하는 것이 가장 중요해요. 그 과정에서 아이는 말더듬은 또래의 놀림을 받을 일이 아니라는 인식을 가지게 되니까요. 그리고 부모님이 말에 대해 터놓고 말하는 것을 들은 아이는 또래가 자신의 말더듬에 관해 물어보면 대답할 수 있어요. '우리 엄마가 그러는데, 가끔 이렇게 말할 수 있대.'처럼요. 또래는 자신과 다르게 말하는 것이 궁금해서 물어보는 것이니 더듬는 아이가 자신 있게 대답하게 도와야 해요. 그런데 부모님이 말더듬을 부끄럽고 창피한 것이라고 인식하면 아이도 그런 인식을 갖게 될 가능성이 커요. 부모님이 말하지 않더라도 부모님의 그런 인식이 표정이나 말투로 아이에게 전달될 테니까요. 아이가 또래의 놀림에 당당하게 대처할 수 있게 하려면 부모님도 말더듬에 당당해져야 해요.

아이의 말더듬을 흉내 내는 친구가 있어요. 아이가 어떻게 해야 할까요?

또래가 아이의 말더듬을 흉내 냈다는 말을 들으시고 마음이 매우 아프시죠. 또래의 부정적인 반응에 대해 아이마다 다른 반응을 보여요. 흉내 내는 말을 못 들은 척하거나 그 자리를 피하거나 또래에게 공격적인 행동을 할 수도 있어요. 앞서 말씀드린 대로 부모님이 평소 아이의 말에 대해 터놓고 말씀하시는 것이 중요해요. 그래야 아이에게 이런 일이 생겼을 때 아이도 터놓고 부모님에게 말할 수 있으니까요. 아이가 부모님에게 이러한 이야기를 전했다면 아이의 감정에 먼저 공감해 주세요. 그리고 다음의 내용을 참고하셔서 아이와 이야기를 나누어 주세요.

1. 부모님은 아이의 마음을 충분히 읽어 주시고 아이가 느꼈을 감정에 단어를 붙여 주세요. 아이가 공격적인 행동으로 반응했다면, 그 행동에는 공감하지 마시고 아이가 느꼈을 감정에 공감해 주세요.

   예 1: 친구가 너의 말을 따라 해서 정말 짜증 났겠다.

   예 2: 친구가 너의 말을 따라 했을 때 소리치고 싶을 만큼 화가 났구나.

2. 아이가 친구에게 뭐라고 말하고 싶었는지 물어보세요. 아이가 한 말을 모두 종이에 받아 적어요. 그것이 부모님이 생각하시기에 좋은 방법이 아니더라도 엉뚱한 말이나 행동이더라도 비난하거나 평가하지 말고 모두 들어주세요. 더 이상 할 말이 없다고 할 때까지 말하게 해 주세요.

   예 1: 하지 말라고 말하고 싶었어.

   예 2: 때려 주고 싶었어.

   예 3: 선생님에게 이를 거야.

   예 4: 그냥 못 들은 척할래.

3. 아이에게 어떤 방법을 가장 먼저 써 보고 싶은지 물어보고 순서대로 번호를 매겨요. 그중 가장 효과적일 것으로 생각되는 방법으로 역할극을 해 보세요. 그리고 정말 효과적인지 아이와 이야기 나누어요. 역할극을 통해 효과적인 방법의 순서가 바뀔 수 있어요.

4. 역할극에서 효과적인 방법이 없다고 판단되면, 부모님은 가상의 사례를 전해 주세요. 아이의 나이보다 1살 정도 더 많은 성별이 동일한 형이나 언니의 사례라고 말하며 들려주세요. 그림책 『놀림에 대처하는 슬기로운 방법(노경실 역)』을 같이 읽고 새로운 방법을 찾을 수도 있어요.

(아이가 5세의 남자아이라면)

> 예 1: 엄마가 너처럼 말이 통통튀는 6살 형아한테 들었는데, 그 형아는 따라 말하는 친구에게 '나 가끔 그래.'라고 말했다고 하더라.
>
> 예 2: 말선생님한테 들었는데, 가끔 말이 불편할 때가 있는 6살 언니가 있었대. 그 언니는 따라 말하는 친구에게 '너 내 말에 관심 많구나, 고마워.' 그랬대.
>
> 예 3: 이 책(『놀림에 대처하는 슬기로운 방법』)에는 방법이 더 많네. 어떤 말이 좋을까?

5. 새로 찾은 방법을 기록하고 내일 그 친구가 더듬는 말을 따라 한다면 어떤 방법을 사용하고 싶은지 이야기를 나눈 후 다시 효과적인 방법 순서대로 번호를 매겨요. 그리고 역할극을 진행해요.

6. 다음날 아이가 원에서 돌아오면 그 친구가 따라 말했는지 물어봐 주세요. 따라 말하지 않았다면 너는 대답할 준비가 되었는데 왜 그 친구가 물어보지 않았는지, 만약 물어본다면 어떻게 대답하고 싶은지 이야기를 나누세요. 이 과정이 반복되면, 또래가 따라 말하기를 기다리는 상황이 되죠. 그러면 아이의 긴장감이 낮아져서 더 쉽게 대처할 수 있어요.

7. 아이가 또래의 반응에 대처했다면 그 과정을 칭찬해 주세요.

8. 어린이집 또는 유치원 교사에게 도움을 요청하세요. 교사는 기본적으로 또래들의 놀림에 대처하는 방법을 알고 있어요. 교사는 또래들이 경험하는 여러 가지 놀림에 대해 이미 중재하고 있기 때문에 말더듬에 대한 놀림도 도울 수 있어요.

큰 애가 작은 애의 말더듬을 따라 해요.

앞의 내용대로 더듬는 아이가 직접 형제자매들에게 대처할 수 있게 도와주세요. 그리고 형제자매에게 사람들은 말하는 방식이 모두 다르고 가끔 말이 잘 나오지 않을 때가 있다고, 말하는 방식보다 말하는 내용이 더 중요하며 어떤 방식이든 할 말을 다 하는 것이 중요하다는 것을 알려 주세요.

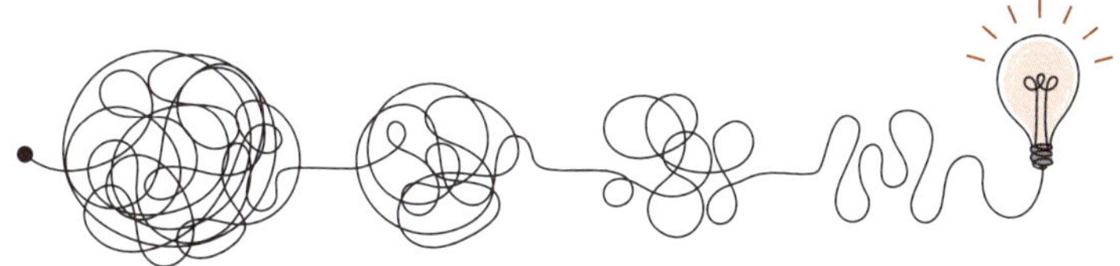

도움이 되지 않는 방법들을 확인해 주세요

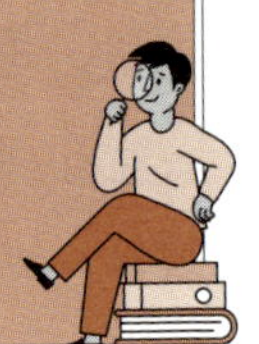

　더듬는 아이를 돕고 싶으셔서 이런저런 방법들을 적용하고 계실 거예요. 부모님들이 주로 사용하시는 방법 중 도움이 되지 않는 방법들에 대해 설명해 드릴게요.

천천히 말하라고 알려 주고 있어요.

　더듬는 아이가 가장 많이 듣는 말 중 하나는 '천천히 말해.'일 거예요. 부모님이 5분 정도 시간을 정하시고 아이에게 느리게 말씀해 보세요. 5분 동안 느리게 말씀하시기 어려우실 거예요. 부모님이 이런 경험을 해 보면 자신이 아이에게 얼마나 무리한 요구를 하는 것인지 알게 돼요.

　아이의 말을 돕고 싶어서 아이에게 들려주는 '천천히 말해.'라는 말은 말더듬을 가중시켜요. 예를 들어, 아이가 블록 놀이를 하면서 어린이집에서 있었던 일을 말한다고 해 보죠. 아이는 뇌에 저장된 어휘를 찾고 문장 형식에 맞추어 문장을 구성하고 이를 시간 흐름에 맞게 또는 인과 관계에 맞게 이야기를 구성해요. 그 다음 숨을 내보내면서 성대에서 소리를 내고 입술, 혀, 턱 등을 움직여서 발음도 하고 유창하게 말을 흘려보내죠. 물론 놀잇감에 주의를 기울이기도 하고, 엄마가 자기 말을 듣고 있는지 확인도 하면서요. 이런 상황이 부모님이 보시기에 단순하게 보이더라도 아이는 이 모든 것을 처리하기 위해 순간적으로 많은 에너지를 사용하는 중이에요. 이 상황에서 천천히 말하는 것까지 해야 한다면 순간적으로 아이가 해야 할 일이 더 많아지기 때문에 말이 불편해질 수 있어요. 부모님이 먼저 느릿하게 말씀해 주세요.

천천히 생각하고 말하라고 해요.

아이의 언어가 또래만큼 발달하고 있다면 아이는 이미 머릿속에 자신이 할 말을 생각하고 있어요. 이런 아이에게 천천히 생각하고 말하라는 조언은 도움이 되지 않아요. 그런데, 아이의 언어 발달이 또래보다 지연되어 있거나 미세한 차이를 보인다면 부족한 부분을 도우면서 대화가 더 여유 있게 진행되게 도우셔야 해요.

숨을 크게 쉰 다음에 말하라고 해요.

아이가 더듬을 때 호흡이 불편하거나 긴장하는 것처럼 느껴지면 부모님은 아이를 돕기 위해 숨을 쉬고 말하라고 알려 주시기도 해요. 부모님이 숨을 크게 들이마셔 보세요. 폐 주위의 호흡 근육에 힘이 들어가는 것이 느껴지실 거예요. 말하기 위해 사용하는 근육에 필요한 만큼의 힘만 들어가야 하는데 숨을 들이쉴 때부터 강한 힘이 들어가면 근육들이 부드럽게 움직이지 않아서 말이 불편해질 수 있어요.

호흡은 무의식적으로 이루어져요. 이를 의식적으로 변화시키면 호흡 자체가 불편해질 수 있기 때문에 어린아이의 말더듬 치료에서는 적용 가능 여부를 신중히 따져 봐야 해요. 보통 학령기 이후 필요하다고 판단될 때 서서히 숨을 들이마시고 내쉬는 호흡 훈련을 해요.

책을 크게 읽게 해요.

단순히 책을 크게 소리 내 읽게 하는 것은 도움이 되지 않아요. 말을 조절하는 연습을 하는 아이라면 책을 읽으면서 그 연습을 할 수 있겠지만 그렇지 않은 경우 단순히 책을 크게 읽는 것은 도움이 되지 않아요.

더듬은 단어를 느리게 들려주고 있어요.

부모님이 아이가 더듬은 단어만 느리게 들려주면 민감한 아이는 말더듬과 부모님의 반응을 연결해서 그 의미를 알아차리고 더 긴장할 수 있어요. 더듬든 안 더듬든 아이의 말의 내용을 들으시고 느릿한 말속도를 사용해 주세요.

더듬은 말을 다시 말하게 하고 있어요.

아이가 더듬었던 단어를 다시 말하려고 할 때, 더듬지 않으려고 노력하면서 다시 더듬을 수 있어요. 더듬더라도 아이가 이미 자기 의사를 표현했으니 자연스럽게 듣고 반응해 주세요.

더듬는 상황을 차단하고 있어요.

아이가 또래와 놀 때, 더 더듬어서 놀이터에 나가지 않거나 조부모님과 영상통화를 할 때, 더 더듬어서 아이가 조부모님과 통화하지 못하게 하는 상황이 있다고 들었어요. 당연히 놀이터에서 뛰어노는 과정을 통해 아이의 신체와 운동능력이 발달해야 하고 또래와 상호작용하면서 사회성도 발달해야 해요. 아이가 가족의 사랑과 관심을 통해 정서적, 심리적 지지도 받아야 해요. 말더듬이 아이를 힘들게 할까 봐 걱정하시는 부모님의 마음을 충분히 이해해요. 하지만 더 큰 것을 놓치지 않도록 아이의 전반적인 발달을 고려해 주세요.

50 다른 가족과 전문가가 도울 수 있게 해 주세요

말더듬은 주변 사람들의 도움이 필요해요. 그들이 말더듬에 대해 알게 된다면 아이를 더 많이 도울 수 있어요. 아이와 함께하는 사람들과 언어치료사가 소통할 수 있게 해 주세요.

조부모

조부모님이 부모님보다 아이의 양육에 더 많이 참여하는 가정도 있어요. 조부모님도 개인 생활이 있으실텐데, 정성을 다해 아이를 양육하고 아이와 많은 시간을 함께해 주는 것만으로도 매우 감사하고 고마운 일이에요. 아이의 양육에도 여러 어려움이 있을 텐데 아이의 말더듬을 돕기 위해 부모님이 배운 방법들을 조부모님에게 그대로 하시라고 하면, 조부모님은 부담을 느낄 수 있어요. 조부모님이 50~60년 이상 사용해 온 의사소통 방식을 변화시키는 것은 어려운 일이니까요.

아이를 도울 방법을 조부모님에게 교육했을 때 역효과가 나타나기도 해요. 예를 들어, 조부모님이 아이를 너무 너무 돕고 싶은데 느리게 말할 수 없을 때 아이에게 해를 끼치지 않으려고 말의 양을 줄일 수도 있거든요. 그러면 오히려 조부모님과 아이의 관계에 어려움이 생기기 때문에 더 큰 것을 잃어버리게 돼요.

그럼에도 조부모님이 아이를 돕고 싶어 하는 간절한 마음은 변화를 만들어 내기도 해요. 이분들은 아주 현명한 지혜를 가지고 계시거든요. 우선, 저희와 조부모님이 만날 수 있게 해 주세요. 조부모님은 저희에게 아이에 관한 소중한 정보를 제공해 주실 수 있어요. 이를 바탕으로 말더듬에 영향을 미치는 요인들과 아이를 도울 수 있는 더 많은 방법을 알아낼 수 있어요.

이후 저희는 조부모님에게 아이와 어떻게 관계를 맺고 소통하는지 물어봐요. 저희가 기억해야 할 것은 이미 조부모님이 아이를 돕고 계시다는 거예요. 저는 조부모님의 말씀을 듣고 조부모님이 이미 아이를 돕고 있는 부분을 찾아서 알려드려요. 그리고 그 빈도를 높일 수 있게 안내를 해 드리죠. 조부모님은 이미 자기가 아이를 돕고 있다는 사실에 안도하면서 이미 자기가 하고 있는 일을 더 자주 하면 된다는 생각에 편한 마음으로 아이를 도울 수 있어요. 저희는 조부모님이 아이를 도울 수 있게 하나씩 안내할 거예요. 시간은 걸릴 수 있지만 아이를 사랑하는 조부모님의 마음은 변화를 만들어 낼 수 있어요.

교사

요즘은 취학 전 아이들 대부분이 어린이집이나 유치원에서 생활하고 있어요. 선생님은 교실 안에서 아이를 도울 수 있어요. 우선, 저희가 선생님에게 연락할 수 있게 해 주세요. 선생님은 교실 환경에서 아이가 보이는 의사소통 능력에 대해 저희에게 중요한 정보를 전해 줄 수 있어요.

선생님도 부모님처럼 아이를 도울 수 있지만 아이가 생활하는 교실 환경을 생각하면 쉽지 않은 일이에요. 보통 4세 반은 아이 20명에 교사 1명이 배정돼요. 선생님은 아이 한 명 한 명에게 주의를 기울이고 싶겠지만 현실적으로 어려움이 있어요. 하지만, 선생님도 이미 아이를 돕고 있다는 점을 기억해 주세요. 물론 교실 환경에서 부모처럼 할 수는 없지만, 이미 돕고 있는 부분들이 있어요. 예를 들어, 일상을 루틴대로 진행하고, 피로감을 느끼는 아이는 쉴 수 있게, 낮잠이 필요한 아이는 낮잠을 충분히 잘 수 있게 환경을 조정하죠. 말더듬으로 또래의 부정적인 반응이 있을 때 즉각적으로 개입해서 중재하고 아이의 마음을 읽어 줄 수도 있어요. 그리고 아이들이 경쟁적으로 말할 때 차례를 지키면서 말하게 도울 수 있죠.

선생님이 아이를 도울 때 부담을 갖지 않는 것이 중요해요. 그래서 저희는 선생님이 돕고 있는 부분을 찾아서 알려 줘요. 그리고 말더듬에 대한 정보를 제공해요. 예를 들어, 더듬는 아이가 노래할 때나 또래들과 함께 말할 때 덜 더듬는다는 정보를 제공해요. 그러면 선생님은 이를 활용해서 아이가 좀 더 편안하게 말하게 도울 수 있어요.

아이에 따라 선생님이 도울 수 있는 방법은 달라질 수 있어요. 더듬는 아이는 대체로 말할 준비시간이 주어지면 더 편안하게 말할 수 있지만 일부는 자신의 말차례를 기다릴 때 긴장감이 높아져서 더 더듬을 수 있어요. 말더듬에 대한 일반적인 정보를 선생님에게 제공하는 것도 중요하지만 아이 한 명에 대해 선생님과 자세히 이야기를 나누면서 실제로 아이를 도울 수 있게 하는 것도 중요해요.

선생님이 아이에게 하는 말 한마디는 매우 큰 힘을 가지고 있어요. 말 조절을 연습하는 아이에게 '네가 부드럽게 말하고 있구나!'처럼 아이의 노력을 인정해 주시면 아이는 치료실에서 배운 방법들을 선생님 앞에서 더 자주 사용하려고 노력할 거예요. 그러면 더 빠른 변화가 일어날 수 있어요.

아이에 따라 또는 치료 진행 단계에 따라 선생님이 도울 수 있는 부분이 다르니 부모님은 저희와 선생님이 이야기를 나눌 수 있게 해 주세요. 저희가 선생님과 전화로라도 직접 소통하는 것이 가장 효과적이지만, 선생님이 저희와의 연락을 불편해하신다면 다음의 내용을 선생님에게 전해 주세요.

교사를 위한 여덟 가지 팁

저희 반에 말을 더듬는 아이가 있습니다.
교사로서 어떤 도움을 줄 수 있을까요?

1. 아이가 더듬더라도 끝까지 말하게 기다려 주세요.
아이를 돕기 위해 아이가 더듬으면서 하는 말을 대신 해 주면 아이는 말할 기회를 잃어버려요. 더듬더라도 자기의 의사를 표현할 수 있게 해 주세요.

2. 교실에 있는 모든 아이가 차례를 지키며 말하고 듣게 해 주세요.
다른 아이들과 마찬가지로 더듬는 아이도 대화 규칙을 배워야 해요. 자신의 말차례가 지켜진다는 것을 알면 더 편안하게 말할 수 있어요.

3. 더듬더라도 다른 아이들만큼 수행할 수 있어요.

더듬는 아이의 인지와 언어능력은 또래와 차이가 없다는 연구들이 보고되었어요. 다른 아이들과 동일하게 수행할 수 있다는 점을 기억해 주세요.

4. 말할 때 쉼을 자주 넣어서 여유 있게 말해 주세요.

서두르지 않고 말을 이어 가며 말과 말 사이에 짧은 쉼을 넣어서 들려주면 아이도 여유 있게 말할 수 있어요.

5. 아이에게 말하는 방식이 아닌 말하는 내용을 듣고 있다고 알려 주세요.

아이의 더듬는 모습에 집중하면 아이가 말하는 내용을 듣지 못할 수 있어요. 아이가 어떤 방식으로 말하든 아이가 말하는 내용에 집중해 주세요. 아이에게 너의 말을 듣고 있다고 알려 주시면 아이가 안심하고 자기의 이야기를 모두 할 수 있어요.

6. '천천히 말해' '긴장을 풀어 봐'라는 말은 아이에게 도움이 되지 않아요.

아이를 돕고 싶은 마음에 '숨을 깊게 쉬고 말해' '생각한 후에 말해'라는 말을 할 수 있어요. 하지만 오히려 아이에게 부담으로 작용하여 말이 더 불편해질 수 있어요. 눈을 맞추고 경청해 주면 더 편안하게 말할 수 있어요.

7. 교실에서 필요한 사항에 대해 아이와 일대일로 대화해 주세요.

아이의 말이 더 어려운 날에 어떻게 해야 할지 이야기를 나누어 주세요. 이때 아이의 의견을 존중해 주세요. 하지만 더듬는 아이만을 위한 특별한 대우는 필요하지 않아요.

8. 아이가 말더듬을 부끄럽게 느끼지 않게 해 주세요.

말더듬은 아이가 부끄러워할 일이 아니에요. 또래가 말더듬을 놀린다면 다른 유형의 놀림과 동일하게 중재해 주세요.

출처: https://www.stutteringhelp.org/
'The Stuttering Foundation'의 '8 Tips For Teachers'을 재구성함.

'말더듬과 함께하는 사회적 협동조합'에서 선생님들에게 말더듬 교육을 무료로 진행하고 있어요. 홈페이지(https://withstuttering.qshop.ai/)를 참고해 주세요.

다른 분야의 치료 전문가

아이가 다른 분야에서 치료받고 있다면 저희와 그 전문가가 소통할 수 있게 해주세요. 아이의 말과 언어뿐만 아니라 신체, 운동, 인지, 정서, 심리 등 여러 영역이 상호작용하면서 발달하기 때문에 다른 영역의 어려움은 말과 언어 발달에도 영향을 미쳐요. 저희는 다른 전문가와의 소통을 통해 그 영역의 어려움이 말과 언어 발달에 어떤 영향을 미치는지 알아보고 아이를 더 잘 도울 방법을 찾을 거예요.

참고문헌

신명선, 김효정, 장현진(2022). 한국 아동 말더듬 검사. ㈜인싸이트.

심현섭, 신문자, 이은주(2010). 파라다이스-유창성 검사-Ⅱ. 파라다이스 복지재단.

이승환(2003). 유창성장애. 시그마프레스.

Bloodstein, O., & Bernstein Ratner, N. (2008). *A Handbook on Stuttering* (6th ed.). Thomson Delmar.

Burnett, K. G. (1999). *Simon's hook: a story about teases and put-downs*. 노경실 역(2020). 놀림에 대처하는 슬기로운 방법. 고래이야기.

Kelman, E., & Nicholas, A. (2020). *Palin Parent-Child Interaction Therapy for Early Childhood Stammering* (2nd ed.). Routledge.

Yairi, E., & Ambrose, N. (2005). *Early childhood stuttering*. Pro-Ed.

Yairi, E., & Seery, C. H. (2015). *Stuttering: Foundations and Clinical Applications* (2nd ed.). Pearson Education, Inc.

저자 소개

김승미(Kim seungmi)

석·박사과정에서 말더듬을 전공하고 수원 광교의 늘언어상담연구소에서 언어치료사(언어재활사)로서 더듬는 사람들과 그 가족을 만나고 있다. 여러 대학과 대학원에서 유창성장애에 대한 강의를 진행하며 말더듬을 전문적으로 치료할 수 있는 언어치료사를 양성하는 데 힘쓰고 있다. 동시에 '말더듬과 함께하는 사회적 협동조합'의 조합원으로서 말더듬 치료 전문가 수련 교육의 감독자로 활동하고 있으며 어린이집과 유치원 교사를 위한 말더듬 무료 교육을 진행하고 있다.

언어치료사의 말더듬 이야기
-말을 더듬는 아이의 부모와 언어치료사를 위한 책-

A Story about Stuttering by a Speech-Language Pathologist
-A Book for Parents of Children Who Stutter and Speech-Language Pathologist-

2026년 2월 10일 1판 1쇄 인쇄
2026년 2월 20일 1판 1쇄 발행

지은이 • 김승미
펴낸이 • 김진환
펴낸곳 • (주) **학지사**

04031 서울특별시 마포구 양화로 15길 20 마인드월드빌딩
대표전화 • 02)330-5114 팩스 • 02)324-2345
등록번호 • 제313-2006-000265호

홈페이지 • http://www.hakjisa.co.kr
인스타그램 • https://www.instagram.com/hakjisabook

ISBN 978-89-997-3637-7 03370

정가 16,000원

학술전문출판 **학지사** www.hakjisa.co.kr
간호보건의학출판 **학지사메디컬** www.hakjisamd.co.kr
심리검사연구소 **인싸이트** www.inpsyt.co.kr
학술논문서비스 **뉴논문** www.newnonmun.com
교육연수원 **에듀카운피아** www.counpia.com
대학교재 전자책 플랫폼 **캠퍼스북** www.campusbook.co.kr